7 Küsten-Straßenbahn

Seite 92

Etwa fünf Euro kostet die Tageskarte für die Ruckelfahrt mit der Straßenbahn vom Bahnhof Knokke-Heist nahe der Grenze zu den Niederlanden über Oostende bis ins Zentrum von De Panne an der Grenze zu Frankreich – immer längs der Küste, Meerblick inklusive. Eine besondere Art der Stranderkundung mit der längsten Straßenbahnlinie der Welt!

8 Genter Altar in Sint-Baaf

Seite 93

Der kostbare Flügelaltar mit seinen 14 farbenprächtigen Tafelbildern entstand von 1420 bis 1432 unter den genialen Händen der Brüder Jan und Hubert van Eyck. Mehrfach musste das weltberühmte Kunstwerk vor Bilderstürmern und Plünderern in Sicherheit gebracht werden, zuletzt während des Zweiten Weltkriegs. Nun schmückt der Altar wieder die Kathedrale Sint-Baaf, die stolz über der Genter Innenstadt thront.

9 Beginenhof Ten Wijngaarde

Seite 100

Im verträumten Beginenhof Weingarten am Minnewater, am südlichen Rand der Innenstadt von Brügge, halten Ordensschwestern der Benediktinerinnen am kontemplativen Alltag fest, der in dieser Wohnanlage seit dem Mittelalter Tradition hat. Im 12. Jh. gestiftet von einer flandrischen Gräfin als Wohn- und Lebensgemeinschaft für fromme Frauen, gilt der Brügger Beginenhof als einer der schönsten Beginenhöfe in Belgien.

10 Die Schiffshebewerke am Canal du Centre

Seite 117

Diese technischen Meisterwerke des 19. Jh. faszinieren auch im 21. Jh. Vier stählerne Aufzüge bewältigten für die Frachtschiffe, die zwischen Maas und Schelde fuhren, die 68 m Niveauunterschied mit einer ausgefeilten Technik. 1998 zum UNESCO-Weltkulturerbe erklärt, wurden sie nach ihrer Stilllegung restauriert und beweisen ihr Können heute nur noch an Ausflugsbooten.

11 Schloss Belœil

Seite 119

Ein Traum in Barock ist das auf zwei Inseln errichtete imposante Schloss der Familie de Ligne. Auch die ausgedehnten Gartenanlagen, die weitgehend den Originalplänen von 1664 entsprechen, begeistern romantische Zeitgenossen und Gartenliebhaber mit ihrem harmonischen Wechselspiel von Wasser und Pflanzen, von Schatten und Licht.

12 Luxemburg-Stadt

Seite 128

Gemütlich und zugleich souverän liegt die Oberstadt auf dem Felsen über der Alzette, und während in den unzähligen noblen Banken mit Kunden aus der ganzen Welt diskret über voluminöse Geldgeschäfte gesprochen wird, können sich Urlauber in der charmanten Hauptstadt des Großherzogtums treiben lassen. Früher oder später bleiben sie doch in einem der vielen Lokale im Stadtteil Grund hängen.

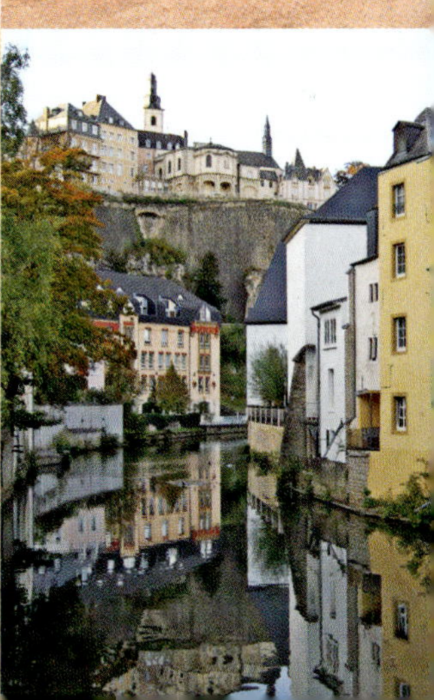

Das System der POLYGLOTT Sterne

Auf Ihrer Reise weisen Ihnen die Polyglott-Sterne den Weg zu den bedeutendsten Sehenswürdigkeiten aus Natur und Kultur. Für die Vergabe orientieren sich Autoren und Redaktion am UNESCO-Welterbe.

*** eine Reise wert ** einen Umweg wert * sehr sehenswert

*** **Brüssel** S. 38
*** Grand-Place / Grote Markt S. 42

*** **Antwerpen** S. 73
*** Museum Plantin-Moretus S. 77

*** **Gent** S. 93 und
*** Genter Altar S. 93

*** **Brügge** S. 97
** Beginenhof Ten Wijngaarde S. 100

*** Schiffshebewerke Canal du Centre S. 117
*** Minen von Spiennes S. 119
*** Cathédrale Notre-Dame S. 120 in **Tournai

** Liège / Lüttich S. 55
** Durbuy S. 60
** Abbaye d'Orval S. 62
** Bouillon S. 62
** Grotte von Han S. 64
** Dinant S. 65
** Mechelen S. 79
** Lier S. 81
** Leuven S. 81
** Schiefe Ebene von Ronquières S. 113
** Schloss Beloeil S. 119
** Tournai S. 120
* Namur S. 67
* Huy S. 68
* Tongeren S. 85

Luxemburg

** Luxemburg-Stadt S. 128
** Fotosammlung Family of Man S. 133
* Burg Vianden S. 134
* Luxemburger Schweiz S. 134
* Echternach S. 135

Unsere Preissymbole bedeuten:

Hotel (DZ pro Person)		Restaurant (Hauptgericht)	
●●●	ab 80 €	●●●	ab 25 €
●●	40 € bis 80 €	●●	15 € bis 25 €
●	bis 40 €	●	bis 15 €

Wechselkurs:

1 €	1,28 CHF	1 CHF	0,78 €

POLYGLOTT on tour

Belgien Luxemburg

Die Autorin

Margarete Graf

studierte Anglistik und Slawistik. Von ihr erschienen zahlreiche Reise- und Wanderführer, Sachbücher und literarische Anthologien. Belgien und Luxemburg bereist sie seit über 20 Jahren und findet dabei immer wieder Neues.

Reiseplanung

Land & Leute

Unterwegs in Belgien und Luxemburg

Echt gut!

Karten

Antwerpen
1
Gent
11
R4
Deurle
Ooidonk
N60
Bruxelles

Damme

Reiseplanung

Die Reiseregionen][Die schönsten Touren][Klima & Reisezeit][Anreise][Reisen im Land][Sport & Aktivitäten][Unterkunft

Die Reiseregionen im Überblick

Am westlichen Rand Europas gelegen, zieht sich Belgien in sanften Wellen von den Ardennen bis zur Kanalküste. Eine ziemlich gerade Linie, die von Aachen bis auf die Höhe des französischen Lille führt, teilt das Land in Flandern im Norden und die Wallonie im Süden.

Brüssel ist die Hauptstadt des Königreichs Belgien. Sie ist ein Zwerg unter den europäischen Metropolen, doch auch die Hauptstadt der europäischen Union. Das verleiht der Stadt ein buntes, internationales Flair, das sich mit der Gemütlichkeit und Nachbarschaftlichkeit der flämisch-wallonischen Residenz aufs Beste mischt. Eine Fülle von architektonischen Kunstschätzen aus allen Epochen, eine interessante und reiche Museenlandschaft und eine ungewöhnliche Auswahl an Restaurants, Kneipen, Bars und Clubs machen Brüssel zu einem lohnenden Ziel für einen Wochenendtrip.

Die **Ardennen** stehen für grüne Wälder, schnelle, klare Flüsse, schroffe Schluchten und Höhlen. Gut erhaltene und verfallene Burgen thronen auf den Höhen, in den Flüssen schwimmen Forellen, im Wald leben Hirsche, Rehe und Wildschweine – und landen schließlich auf dem Teller der Feinschmecker.

Im nördlichen Landesteil reihen sich größere und kleinere Städte dicht an dicht. Fast jede hat eine Besonderheit zu bieten: einen ungewöhnlich schönen Marktplatz, ein stattliches Rathaus, einen kunstvollen Belfried – jenen typischen schlanken Glockenturm. Für eine gemütliche Kunstreise auf der Suche nach den weniger bekannten Highlights bieten sich die Provinzen **Limburg, Antwerpen** und **Flämisch-Brabant** geradezu an. Einen Star gibt es auch: Die Hafenstadt Antwerpen prunkt mit der schönsten Kathedrale des Landes, ihrem imposanten Rathaus und einem Blick über die Schelde, der auch der beständigsten Landratte Fernweh verursacht.

Antwerpener Liebfrauendom

In **Ost- und Westflandern** befinden sich die beiden berühmtesten Kunststädte Belgiens: Gent und Brügge. Aber auch die kleineren Städte besitzen viel Flair und allerhand Sehenswertes. Zudem kann die Region mit schönen Landschaftsbildern punkten: Die flämischen Ardennen sind zwar alles andere als ein Hochgebirge, aber die sanften Hügel bieten viele

Wander- und Ausflugsmöglichkeiten. Und dann ist da noch die viel geliebte belgische **Küste**. Fun-Touristen, Kinder, Wassersportler und Freunde langer Dünenwanderungen finden hier zu allen Jahreszeiten Erholung und Vergnügen.

Das **südliche Belgien** ist als Reiseziel wenig bekannt. Hier gilt es, die letzten Zeugen des Industriezeitalters zu entdecken. Die Schiffshebewerke am Canal du Centre – heute Weltkulturerbe – sind der markanteste Punkt einer Reise in die jüngste Vergangenheit.

So klein das **Fürstentum Luxemburg** auch ist, so vielfältig zeigt es sich. Die etwas behäbige Hauptstadt mit der mächtigen Zitadelle ist allemal einen Besuch wert. Eine Rundreise durchs Land führt durch eine ganze Palette malerischer Landschaften: Waldgebirge, auf deren Anhöhen Burgen und Schlösser stehen, die vielen Windungen der Mosel, an deren Hängen ein feiner, frischer Weißwein gedeiht, und die fruchtbare Ebene des Gutlands.

Die schönsten Touren

Tour des Arts: Die berühmten Kunststädte

–①– Brüssel › Leuven › Mechelen › Antwerpen › Gent › Brügge › Kortrijk › Oudenaarde › Brüssel

Dauer:

Brüssel: 2 Tage, Leuven, Mechelen, Antwerpen: 1 Tag, Gent: 1 Tag, Brügge: 2 Tage, Kortrijk, Oudenaarde und zurück nach Brüssel: 1 Tag.

Verkehrsmittel:

Die Distanzen zwischen den einzelnen Städten betragen maximal 70 km, also Fahrzeiten von unter einer Stunde. Mit dem eigenen Auto sind Sie zwar unabhängig, haben aber in den Städten ein Parkplatzproblem. Mit dem Zug reisen Sie fast ebenso schnell, müssen jedoch in jeder Stadt den Anmarsch ins kunsthistorisch interessante Zentrum einplanen. Die Zugverbindungen sind ausgezeichnet, in kurzen Abständen getaktet, und an allen Bahnhöfen haben Sie die Möglichkeit, Ihr Gepäck einzustellen.

Eine Tour durch die belgischen Kunststädte Brüssel, Gent, Brügge und Antwerpen verspricht eine Parade der interessantesten architektonischen Meisterstücke aus Gotik, Renaissance, Barock und Jugendstil. ***Brüssel › S. 39 mit der Grand-Place, dem prächtigen Rathaus und den barocken Gildehäusern steht am Beginn der Tour. Zwei Tage Aufenthalt in Brüssel lassen sich leicht gestalten: ein Bummel durch die Gassen der Unterstadt, eine Erkundung der Oberstadt, ein oder zwei interessante Museen, eine Shoppingtour im Antiquitätenviertel oder ein Zug durch die Modeboutiquen.

Von Brüssel geht es nach **Leuven › S. 81 mit seinem einzigartigen Rathaus. Bummeln Sie durch das Univiertel und besuchen Sie den großen Beginenhof, der heute als Studentenwohnheim fungiert. Die nächste Station heißt **Mechelen › S. 79, dessen gewaltige, unvollendete Kathedrale Respekt abnötigt.

Nach ***Antwerpen › S. 73 sind es nur ein paar Kilometer. Erkunden Sie die Altstadt, besuchen Sie die herrliche Kathedrale und unternehmen Sie einen Bummel am Scheldeufer. Vielleicht bleibt auch Zeit für eine Schiffsrundfahrt auf der Schelde oder einen Spaziergang durchs frühere Hafenviertel Eilandje. Am nächsten Tag stehen ein Besuch im Rubenshaus, eine Besichtigung des Plantin-Moretus-Museums und ein Bummel durch das Diamantenviertel an.

Die nächste Station ist die quirlige Handels- und Universitätsstadt ***Gent › S. 93. Sie kommen gerade recht, um den prächtigen Belfried im schönsten Licht zu erleben. Nach einem Bummel entlang Gras- und Korenlei und einem Abendessen in einem der unzähligen Restaurants können Sie sich ins aufregende Genter Nachtleben stürzen – oder zu-

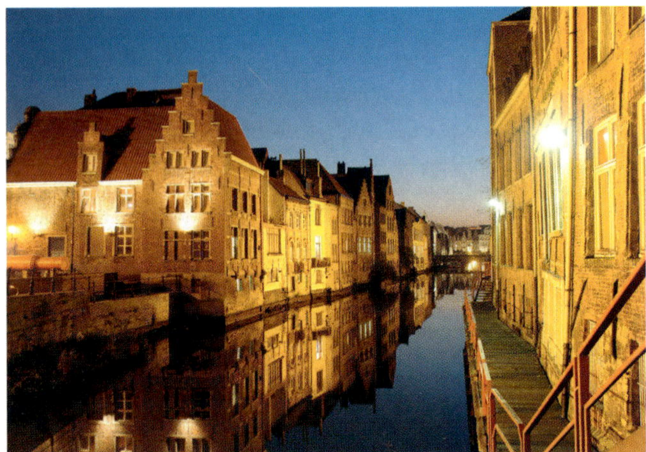

Die Altstadt von Gent

Karte Umschlag hinten

mindest einen Absacker in einer der vielen sympathischen Kneipen nehmen. Am nächsten Tag steht Gents größter Schatz auf dem Programm: der Genter Altar in der Kathedrale St. Bavo. Als kleinen modernen Kontrast könnten Sie sich das renommierte Museum für zeitgenössische Kunst, das SMAK, gönnen.

Das mittelalterliche ***Brügge › S. 97 ist die Krönung dieser Rundreise. Wer nachmittags ankommt, hat Brügge am Abend fast für sich allein. Beim Schlendern durch krumme Straßen und an Kanälen entlang kann man die riesige Tuchhalle, das elegante Rathaus und die prächtige Liebfrauenkirche ungestört bewundern. Wenn Sie anderntags das Memling-Museum, den Beginenhof und das Groeninge-Museum besuchen, sind Sie vielleicht noch vor den Menschenmassen dran.

Die Rückfahrt nach Brüssel können Sie noch durch zwei sehenswerte Städte aufwerten: In **Kortrijk** › S. 106 zeugen die mächtigen Broeltürme von altem Glanz, in **Oudenaarde** › S. 107 steht auf einem riesigen Marktplatz ein über und über geschmücktes gotisches Rathaus.

Wälder, Flüsse, Industrie

Liège › Huy › Namur › Charleroi › Binche › Canal du Centre › Mons

Dauer:
2–3 Tage mit Übernachtung in Liège und Namur

Verkehrsmittel:
Für diese Tour von den Ardennen durch das historische Industriegebiet der Borinage bietet sich das Auto an, denn nicht alle Punkte sind mit öffentlichen Verkehrsmitteln leicht zu erreichen. Außerdem wird man immer mal wieder eine Pause einlegen wollen, um die Landschaft des Maastals zu bewundern.

Dieser Tourvorschlag richtet sich an Spezialisten, die ein weniger bekanntes Belgien entdecken wollen. Die Reise beginnt in ****Lüttich** (Liège) › S. 55, der weithin unterschätzten Stadt an der Maas. Ein Bummel über die Place du Marché, ein Besuch der romanischen Kirche St-Barthélémy mit dem berühmten Taufbecken und – falls gerade Sonntag ist – ein Gang über den Markt am Kai La Batte gehören zu den wichtigen Bestandteilen eines Lüttich-Besuchs.

Am nächsten Tag folgen Sie dem Lauf der Maas flussauf bis ***Huy** › S. 68, einem hübschen Ardennenstädtchen, das sich für eine Kaffeepause anbietet. In ***Namur** › S. 66 können Sie sich erstmals einen Über-

blick verschaffen: Die Zitadelle, bequem mit der Seilbahn zu erreichen, lockt mit einem Panoramablick über Stadt, Fluss und Landschaft.

Sie verlassen die Ardennen und erreichen **Charleroi** › S. 113. Nach den grünen Höhen der Ardennen bietet sich hier das unverfälschte Bild einer Industriestadt. Die Oberstadt hat allerlei Sehenswertes zu bieten, darunter den jüngsten Belfried des Landes – er ist noch nicht einmal hundert Jahre alt. Besuchenswert sind auch das Glasmuseum sowie das Museum für Fotografie mit Arbeiten der belgischen Surrealisten.

Binche › S. 116 ist die Hochburg des belgischen Karnevals, bei dem die Gilles in den Straßen tanzen. Im Karnevals- und Maskenmuseum kann man sich einen Eindruck vom bunten Treiben verschaffen.

Eindrucksvolle Zeugnisse der frühen Industrialisierung sind die vier hydraulischen *****Schiffsaufzüge am Canal du Centre** › S. 117, die vom Erfindungstalent des Zeitalters der Ingenieure sprechen.

Mit **Mons** › S. 118 ist schließlich wieder eine größere Stadt erreicht, die mit ihrer Kathedrale einen der vorderen Ränge auf der Liste der Kunststädte einnimmt. Vergessen Sie nicht, den kleinen Affen am Rathaus zu streicheln, bevor Sie sich auf die Autobahn begeben und in einer guten Stunde Ihren Ausgangspunkt Lüttich wieder erreichen.

Von den Ardennen zum Meer

(3) St.-Truiden › Tongeren › Tienen › Leuven › Brüssel › Ronse › Kortrijk › Ieper › Veurne › Oostende

Dauer:
3 Tage mit Übernachtung in Brüssel und Ieper

Verkehrsmittel:
Trotz guter Zugverbindungen empfiehlt sich wegen der vielen Zwischenstopps die Fahrt mit dem Auto.

Sie planen einen Urlaub an der Küste? Nehmen Sie sich doch vorher Zeit für einen gemütlichen Bummel quer durch Belgien. ***Tongeren** › S. 85, die erste Station auf der Route, ist die älteste Stadt des Landes. Versäumen Sie nicht einen Besuch im hochinteressanten Gallo-römischen Museum und einen Spaziergang zur alten römischen Stadtmauer. **St.-Truiden** › S. 85 und **Tienen** › S. 82 sind zwei typische flämische Städtchen mit properen Häusern, netten Lokalen und stattlichen Kirchen. Sie bereiten vor auf ****Leuven** › S. 81 mit dem einzigartigen Rathaus, das wie aus Spitze geklöppelt scheint. Den nächsten Tag sollten Sie für *****Brüssel** › S. 39 reservieren. Wenn Sie fürs erste genug

gotische und barocke Bauwerke gesehen haben, unternehmen Sie doch einfach einen Spaziergang durch die zentrumsnahen Stadtteile Ixelles und St-Gilles mit den schönsten Jugendstilhäusern.

Am nächsten Tag bummeln Sie weiter Richtung Küste, mit Stationen in der Kleinstadt Ronse, wo es einen unterirdischen Säulenwald zu bewundern gibt, in **Kortrijk** › S. 106, das sich rühmt, den schönsten Beginenhof des Landes zu besitzen, und in **Ieper** › S. 106, dessen monumentales gotisches Rathaus die Wirtschaftskraft der mittelalterlichen Kaufleute bezeugt. Im Landstädtchen **Veurne** › S. 105 sollten Sie sich noch mit den dortigen Kuchenspezialitäten wie Veurnse kletskoppen (Biskuit mit Nüssen und Mandeln) oder Veurnse slaapmutsen (Mandelkuchen mit Orangenschale) eindecken, bevor es dann ans Meer geht. **Oostende** › S. 105, die Königin der Küstenorte, stimmt Sie auf die Freuden des Wassersports ein.

Touren in den Regionen

Touren	Region	Dauer	Seite
Ein Wochenende in Brüssel	Brüssel	3 Tage	39
Jugendstiltour	Brüssel	1 Tag	40
Wanderung im Hohen Venn	Ardennen	2 Tage	51
Im Tal der Maas	Ardennen	2 Tage	54
Kajaktour auf der Ourthe	Ardennen	1 Tag	54
Von Kirchturm zu Kirchturm	Antwerpen, Limb.	1 Tag	71
Radtour durchs Kempenland	Antwerpen, Limb.	1 Tag	72
Besuch in der Künstlerkolonie Leiestreek	Ostflandern	1 Tag	90
Radtour von Brügge nach Blankenberge	Westflandern	2 Tage	90
Durchs »Platte Land« an der Ijzer	Westflandern	2 Tage	92
Eine Fahrt mit der Küstentram	Westflandern	1 Tag	92
Schiffshebewerke im Wandel der Zeiten	Südliches Belgien	1–2 Tage	109
Die größten Seen Belgiens	Südliches Belgien	1 Tag	110
Wandern im Müllerthal	Luxemburg	3 Tage	124
Die Luxemburger Weinstraße	Luxemburg	2 Tage	125
Burgentour im Ösling	Luxemburg	2 Tage	126

Klima und Reisezeit

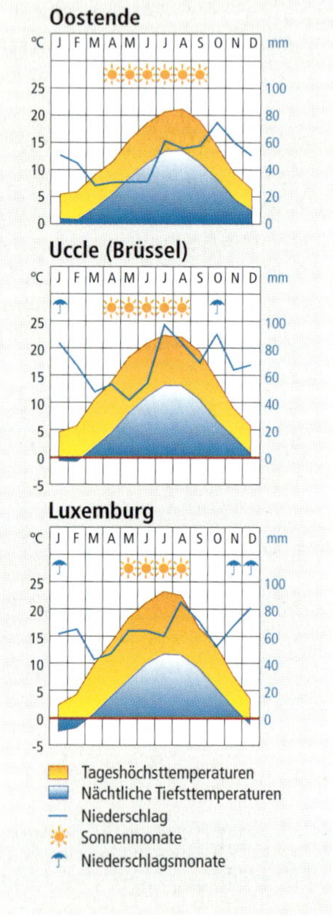

Aufgrund seiner Lage an der Nordsee bietet Belgiens Westen ein Seeklima mit mäßig heißen Sommern, mit häufigen Niederschlägen von November bis März und mit eher feuchten als kalten Wintern. Unter den Nullpunkt fallen die Temperaturen im Westen des Landes eher selten, während es im Osten des Landes, insbesondere in den Ardennen, richtig kalt werden kann.

An ca. 100 Tagen im Jahr steigt das Thermometer dort nicht über Null. Schneefall ist garantiert und das ausgedehnte Waldgebirge bietet dann hervorragende Langlaufmöglichkeiten.

Der Golfstrom sorgt dafür, dass an der Küste keine extremen Temperaturschwankungen zu erwarten sind, doch die vorherrschenden Westwinde bringen immer wieder Regenwolken mit sich. Da diese sich aber häufig erst ein paar Kilometer landeinwärts entladen, bleibt das Badevergnügen meist ungetrübt.

Als Reisezeit kann man daher beinahe das ganze Jahr empfehlen: Für Städtetouren bieten sich vor allem Frühjahr und Herbst an, wenn auch die meisten Kulturveranstaltungen stattfinden. Die Ardennen und die Küstenregion sind sowohl im Sommer als auch im Winter beliebte Ziele.

Eine Unterkunft ist fast zu allen Zeiten leicht zu bekommen. Wer jedoch den Besuch eines der kulturellen Großereignisse plant – Gentse Feesten, Blumenteppich oder Jazz Marathon in Brüssel, Heilig-Blut-Prozession in Brügge – sollte im Voraus reservieren. Dasselbe gilt für Zimmer und Ferienhäuser an der Küste, denn im Juli und August haben auch die Belgier Schulferien und fahren ans Meer.

Anreise

Mit dem Flugzeug

Der Flughafen **Brüssel-Zaventem** liegt 15 km nordöstlich des Zentrums. Er wird von fast allen Flughäfen Deutschlands, Österreichs und der Schweiz aus angeflogen. Zwischen Flughafen und Air-Terminal im Zentrum verkehrt im 20-Minuten-Takt ein Zug, der alle drei großen Bahnhöfe anfährt (Fahrtzeit ca. 20 Min.). Einmal stündlich fährt ein Bus zum Europaviertel. Zudem gibt es eine Bahnverbindung nach Gent und Busverbindungen nach Antwerpen (50 Min.) und Liège (90 Min.).

Der Flughafen **Luxemburg-Findel** – 5 km vom Zentrum – wird mehrmals täglich von Frankfurt/M. und Zürich angeflogen. Zum Hauptbahnhof der Stadt Luxemburg gibt es einen Shuttledienst.

Mit der Bahn

Gute Verbindungen bestehen auf den Strecken Köln–Brüssel–Paris (per Thalys alle zwei bis drei Stunden) bzw. Köln–Brüssel–Oostende und Berlin–Oostende. Luxemburg ist über die Moselstrecke Koblenz–Trier–Luxemburg–Brüssel bzw. Aachen–Lüttich–Metz–Nancy ans europäische Schienennetz angeschlossen. Der DB NachtZug fährt täglich von Berlin, aus Niedersachsen, Hamburg, Bremen, Osnabrück und Bielefeld nach Brüssel. Information und Buchung über das Servicetelefon der DB unter +49 (0) 6102/800-575 oder unter www.nachtzugreise.de.

Mit dem Auto

Belgiens Autobahnnetz ist sehr gut ausgebaut, die Anreise via Deutschland führt über folgende Routen:

An der Nordseeküste bei De Panne in Westflandern

- von Norden über die E 34 Venlo–Eindhoven–Antwerpen;
- von Osten über die E 40 Köln– Aachen–Lüttich–Brüssel–Oostende;
- von Südosten über die E 42 Trier– Malmedy oder über die E 411 Luxemburg–Namur–Brüssel.

!! In Flandern und im Raum Brüssel sind Staus häufig. Oft geht nachmittags nichts mehr. Infos zur Verkehrslage und zu Baustellen bietet die Website www.verkehrsinfo.de.

Reisen im Land

Mit der Bahn

Das belgische Schienennetz ist sehr dicht und gut ausgebaut. Auch wenn Sie mit dem Auto unterwegs sind, lohnt es sich, für Ausflüge in größere Städte den Zug zu nehmen, um sich die leidige Parkplatzsuche zu sparen. Die Verbindungen zwischen den Städten sind sehr gut und regelmäßig, die Bahnfahrkarten etwas günstiger als in Deutschland.

Mit dem Auto

Das belgische Straßennetz ist gut ausgebaut. Die Autobahnen sind auf weiten Strecken nachts sogar beleuchtet. Es ist ratsam, für alle Fälle die internationale Versicherungskarte dabei zu haben.

Besitzer eines Auslands- oder Euroschutzbriefes können rund um die Uhr telefonisch kostenlose Pannenhilfe von der nächsten Zentrale des belgischen Automobilklubs (TCB) anfordern, Notfalltelefon: 070/34 47 77. Informationen beim **Touringclub Royal de Belgique (TCB),** 44, rue de la Loi, 1040 Bruxelles, Tel. 02/ 233 22 02, www.touring.be.

!! Die Bußgelder für überhöhte Geschwindigkeit sind hoch: ca. 300 € für 20 km/h zuviel. Wenn der Fahrer nicht zahlt, kann das Auto beschlagnahmt werden.

Verkehrsregeln

- Höchstgeschwindigkeit: auf Autobahnen und Schnellstraßen 120 km/h, auf Landstraßen 90 km/h, in geschlossenen Ortschaften 50 km/h
- Promillegrenze: 0,5
- Anschnallen ist Pflicht.
- Mitzuführen sind: Pannendreieck, Verbandskasten, Feuerlöscher, Warnweste (im Autoinneren).
- Gelbe Bordstein- oder Begrenzungslinien bedeuten Parkverbot.
- Öffentliche Verkehrsmittel haben immer Vorfahrt.

Special

Reisen mit Kindern

Kinder können in Belgien eine großartige Zeit verbringen – vor allem an der Küste. Hier locken neben Sand und Wasser sowie breiten Pisten für Bobbycar, Rad, Skateboard und Inliner auch viele aufregende Ausflugsmöglichkeiten: zu den **Krabbenfischern** in Oostduinkerke, die vor allem im Juli und August, also zur Ferienzeit, mit ihren Pferden auf Fang gehen, oder zu den Stachelrochen und Seepferdchen im **Sea Life Center** in Blankenberge, zum **Fischerboot Amandine** in Oostende, dem letzten Islandfahrer der belgischen Fischereiflotte, oder zu den tollen **Sandskulpturen in Zeebrugge**, die von wahren Künstlern gestaltet werden – hier ist immer etwas los.

■ **Krabbenfischer / Paardevissers**
Aktuelle Zeiten in der Touristeninformation Oostduinkerke, unter www.paardevissers.be (Niederländisch) und an Infotafeln am Strand.

■ **Sea Life Center**
Koning Albert I-Laan 116
8370 Blankenberge
www.sealifeeurope.com
tgl. 10–18, Juli, Aug. 10–21 Uhr

■ **Museumsschiff Amandine**
Vindictivelaan 35z][8400 Oostende
www.museum-amandine.be
Mo 14–18, Di–So 10–18 Uhr

Freizeitparks

Wenn es einmal etwas Besonderes sein soll, dann macht sich die ganze Familie auf zum Besuch in einem der vielen Freizeitparks: in den Märchenpark **Plopsaland,** ins **Bobbejaanland** bei Antwerpen oder ins **Walibi** nahe Brüssel mit rasanten Achterbahnen, Themenshows, Wasserrutschen und allerhand Action.

■ **Plopsaland**
De Pannelaan 68][8660 De Panne
Tel. 058/42 02 02][www.plopsa.be
Mitte Juli–Aug. tgl. 10–19 Uhr, sonst kürzer bzw. nur an Wochenenden,

Nicht ganz so hektisch geht es in den Freilichtmuseen und Naturparks zu, wie etwa in der **Domäne Bokrijk** bei Genk (Provinz Limburg), wo man den flämischen Alltag um 1900 erkunden kann.

Domäne Bokrijk
Bokrijklaan 1][3600 Genk
www.bokrijk.be
April–Sept. tgl. 10–18 Uhr
Eintritt Erw. 10 €, Kinder und Jugendliche 12–25 Jahre 1 €

Jan.–April nur während der belgischen Weihnachts- und Osterferien;
Eintritt je nach Körpergröße:
bis 0,85 m kostenlos, bis 1 m 8 €,
ab 1 m 29 €

■ Bobbejaanland
Olensteenweg 45
2460 Lichtaart (Nähe Antwerpen)
Tel. 014/55 78 11
www.bobbejaanland.be (auf Niederländisch u. Französisch)
Anfang Juli–Aug. tgl. 10–18 Uhr, sonst kürzer bzw. nur an Wochenenden;
Eintritt je nach Körpergröße:
Erw. und Kinder über 1,40 m 29 €,
Kinder von 1–1,40 m bzw.
Senioren ab 55 Jahren 25 €

■ Walibi Belgium
9, rue J. Deschamps
1300 Wavre
Tel. 010/42 15 00
www.walibi.be
Mitte Juni–Ende August tgl. ab 10 Uhr, in den übrigen Monaten nicht an allen Tagen geöffnet.
Eintritt Erw. 31 €, Kinder unter 3 Jahren kostenlos, Kinder von 3–11 Jahren und Senioren ab 55 Jahren 27 €

Mini-Europe im **Bruparc** in Brüssel lässt auch kleine Leute ganz groß rauskommen, wenn sie sich neben dem Miniatur-Eiffelturm als Riese fühlen dürfen.

Bruparc
Ave. du Centenaire][Brüssel-Heysel
www.minieurope.com
Ab Mitte März tgl. ab 9.30, Okt.–Anf. Jan. ab 10 Uhr, Mitte Jan.–Mitte März geschl., Eintritt Erw. 13,40 €, Kinder bis 1,20 m frei, unter 12 Jahren 10 €

Größere Kinder haben auch in den Ardennen viel Spaß – wenn schon nicht beim Wandern, dann bei einer Kajaktour auf einem der Gebirgsflüsse, einem Kletterabenteuer oder einem Besuch in einer der Tropfsteinhöhlen.

Bootsfahrten

Eine aufregende Abwechslung für Kinder bietet eine Bootsfahrt auf der Maas von Dinant nach Namur oder eine Fahrt auf dem Kanal Brüssel – Charleroi von Halle zur Schiefen Ebene von Ronquières (Bateaux Touristes de la Meuse, 64, rue Daoust, 5500 Dinant, Tel. 082/22 23 15, www.bateaux-meuse.be).

Sport und Aktivitäten

Wandern

Allein das Netz der rot-weiß markierten Fernwanderwege umfasst in Belgien 5900 km. Als hervorragendes Wandergebiet locken die Ardennen, die ein dichtes Wegenetz durchzieht. Wanderführer und Tourenkarten stellen die meisten Verkehrsämter zur Verfügung. Auch im Hohen Venn kann man schöne Wanderungen unternehmen. Allerdings darf ein Teil des Naturschutzgebiets nicht betreten werden; andere Gebiete sind nur mit autorisierten Führern zugänglich.

Naturparkzentrum Botrange

Route de Botrange][4950 Robertville][Tel. 080/44 03 00][www.botrange.be

Radfahren

Belgien ist eine Radnation. Kein Wunder, dass das ganze Land von zahlreichen ausgeschilderten Radrouten durchzogen ist. In Belgisch-Limburg, Antwerpen und im Maasland sind Radwege mit »Orientierungsknoten« markiert, die in dem Gewirr von einander vielfach kreuzenden Radwegen verlässliche Orientierung bieten. Zahlreiche fahrradfreundliche Gasthäuser, Fahrradabhol- und -servicestationen sowie Fahrradvermieter tragen das Gütesiegel »Fahrradlabel«.

Praktisch für Bahnfahrer: An sehr vielen Bahnhöfen können Räder ausgeliehen werden. Für Mountainbiker sind 75 Routen mit den internationalen blauen Zeichen ausgeschildert. Informationen beim Belgischen Verkehrsamt › S. 139 und unter www.radflandern.com.

Am Meer

Der 67 km lange Nordseestrand ist ein Badeparadies für alle, denen eher niedrige Wassertemperaturen nichts ausmachen. An vielen Stellen schirmt ein Dünengürtel den bis zu 100 m breiten Sandstrand vom Hinterland ab.

Beliebt ist die reizvolle flämische Küste auch bei Wattwanderern, Windsurfern, Seglern und Wasserskifahrern. In De Panne kann man sich sogar im Strandsegeln testen (www.dekust.org).

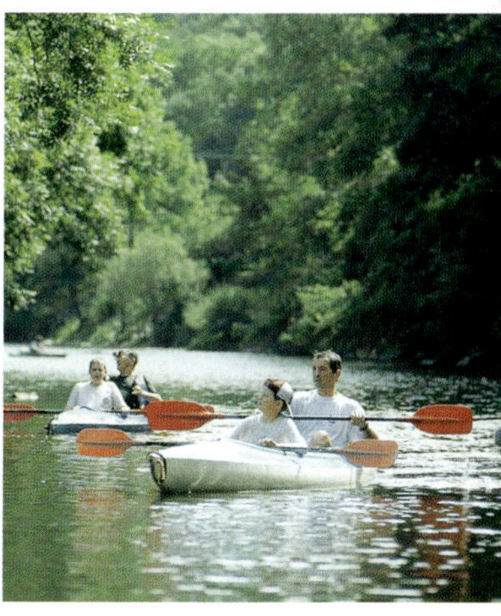

Die Ardennen sind ein Dorado für Paddler jeden Alters

Kanu- und Kajakfahren

Für Einsteiger sind Touren mit Kanus oder Kajaks auf den Ardennenflüssen Ourthe und Lesse, aber auch in der flämischen Maasregion ein Erlebnis. Obwohl ab und zu kleine Stromschnellen dafür sorgen, dass man pitschnass wird, ist der Spaß ungefährlich. Die Boote kann man an vielen Orten mieten; für den Rücktransport sorgen gegen Aufpreis die Verleihfirmen (www.ardenne-aventures.be, www.kajakmaasland.be).

Skilanglauf

Die Ardennen sind das Langlaufdorado der Belgier. Ca. 600 km gespurte Loipen gibt es u.a. im Hohen Venn, insbesondere um Bütgenbach und Malmedy, bei Spa und Francorchamps, um Baraque de Fraiture, Bastogne und St.-Hubert (Centre d'action, Rue de l'Eglise, 6980 La Roche-en-Ardenne, Tel. 084/41 19 81, www.catpw.be).

Unterkunft

In Belgien gibt es Übernachtungsmöglichkeiten für jeden Geschmack und (fast) jeden Geldbeutel. Auch ohne Reservierung lässt sich bei Touren durchs Land ein Bett finden. Nur während der Sommerferien werden die schönen Quartiere an der Küste rar. In den Städten sind die Wochenenden, an denen besondere Events auf der Agenda stehen, ebenfalls ausgebucht. Der flämische wie auch der wallonische Touris-

Foyer des Hotel Métropole

musverband geben jedes Jahr ein Hotelverzeichnis mit Preisangaben und Kategorien heraus, das beim Belgischen Verkehrsamt › S. 139 erhältlich ist.

Auch Gästezimmer (B&B, chambres d'hôtes) bieten freundliche Aufnahme. Die Privatquartiere sind in der Regel preisgünstiger, das Ambiente – kleine Landschlösser, alte Höfe, elegante Stadthäuser – ist oft sehr schön.

Vor allem an der Küste gibt es ein großes Angebot an Ferienwohnungen und -häusern, die über verschiedene Agenturen gemietet werden können.

Belgien und Luxemburg sind darüber hinaus auch Campingparadiese. Die größte Auswahl an Campingplätzen bieten die Nordsee und die Ardennen. Die Plätze sind in der Regel gut ausgestattet. Auf vielen Campingplätzen sind auch gut isolierte, heizbare Wanderhütten zu mieten, die vier Personen Platz bieten. Die Ausstattung ist einfach, aber ausreichend, bei Bedarf können gegen geringen Aufpreis auch Töpfe, Besteck und Geschirr ausgeliehen werden.

Jugendherbergen stehen Gästen jeden Alters offen. Viele bieten auch Zimmer für Familien und einfache Doppelzimmer. Einzige Voraussetzung: ein gültiger Jugendherbergsausweis (Vlaamse Jeugdherbergen, Van Stralenstraat 40, 2060 Antwerpen, Tel. 03/232 72 18, www.vjh.be; Les Auberges de Jeunesse ASBL, Bureau central, 28, rue de la Sablonnière, 1000 Brüssel, Tel. 02/219 56 76, www.laj.be).

Die schönsten Hotels in Belgien

■ **Hotel Métropole**
Luxushotel im Stil der Belle Époque, mit großen Zimmern und stilvoller Bar. Günstige Weekendpreise. › S. 46

■ **Monty Hotel**
18 mit Designermöbeln eingerichtete Zimmer in einer Stadtvilla aus den 1930er-Jahren. › S. 46

■ **Hotel 't Sandt**
Zand 13–19][2000 Antwerpen
Tel. 03/232 93 90
www.hotel-sandt.be
Ca. 30 individuell gestaltete Zimmer und Suiten in einem eleganten Stadtpalais, sehr freundliches Ambiente, DZ ab 170 € (Wochenende).

■ **St.-Jorishof**
Botermarkt 2][9000 Gent
Tel. 09/224 24 24
www.courstgeorges.com
Schlafen, wo Karl V. und Napoleon nächtigten: im historischen Haus der Armbrustschützen. Moderne Zimmer mit allem Komfort, DZ ab 105 €.

■ **Hotel Ter Duinen**
Langerei 52][8000 Brugge
Tel. 050/33 04 37
www.terduinenhotel.be
Stilvoller kann man es kaum treffen: direkt an einer Gracht, im weniger trubeligen Hanseviertel, mit einem ruhigen Innenhof, DZ ab 145 €.

■ **Loxley Cottage**
Bauwenslaan 2][8670 Koksijde
Tel. 058/52 08 79
www.hoteloxalis.com
Hübsche Sommervilla mit Garten, Veranda, Kamin und sämtlichen Annehmlichkeiten einer altmodischen Sommerfrische, DZ 110 €.

De Carré

Land & Leute

Steckbrief][Geschichte im Überblick][Natur und Umwelt][Kunst und Kultur][Feste und Veranstaltungen][Essen und Trinken][Shopping

Steckbrief

Belgien

Fläche: 30 545 km², davon Flandern 13 521 km², Wallonie 15 991 km², deutschsprachige Gemeinschaft 854 km², Brüssel 162 km²
Einwohner: 10,8 Mio.
Bevölkerungsdichte: 355 Einw. pro km²
Höchste Erhebung: Signal de Botrange (694 m)
Religion: 75 % Katholiken; 3 % Muslime; 1 % Protestanten; 0,4 % Juden; 20 % Sonstige/ohne
Sprachen: 59 % Flämisch; 40 % Französisch; 1 % Deutsch
Landesvorwahl: 0032
Währung: Euro
Zeitzone: Mitteleuropäische Zeit (MEZ)

Lage

Belgien liegt im Westen Europas, an der Kanalküste. Seine Nachbarn sind die Niederlande, Deutschland, Luxemburg und Frankreich, mit dem es die längste Grenzlinie teilt (620 km). Mit den gut 30 000 km² beansprucht es nur wenig mehr Platz als das Bundesland Brandenburg. Den Südosten nehmen die Ardennen ein, die im Durchschnitt eine Höhe von 420 m erreichen. Von dort aus senkt sich das Land, zunächst in sanften Wellen, langsam hinab zum Meer.

Politik und Verwaltung

Belgien ist eine konstitutionelle Monarchie mit einem König an der Spitze. Seit 1993 hat Albert II. (geb. 1934) dieses Amt inne. Im Zuge der Verfassungsreformen der 1980er-Jahre hat sich das ursprünglich zentralistisch regierte Land in einen föderalistischen Bundesstaat mit zehn Provinzen gewandelt – im Wesentlichen eine Reaktion auf die zunehmenden Spannungen zwischen dem wallonischen und dem flämischen Teil. Die politische Macht liegt allerdings hauptsächlich bei den Vertretungen der Sprachgemeinschaften, die z.B. in den Bereichen Sprache, Kultur und Bildung weitgehende Kompetenzen haben.

Die drei Regionen wiederum (Wallonie, Flandern und Brüssel) verantworten Fragen wie Naturschutz, Stadtplanung und Arbeitsmarktpolitik.

Zur Region Flandern im Norden gehören die Provinzen Antwerpen, Ostflandern, Westflandern, Flämisch-Brabant und Limburg. Die französischsprachige Wallonie im Süden umfasst die Provinzen Namur, Liège (Lüttich), Hainaut (Hennegau), Wallonisch-Brabant und Luxembourg Belge (Belgisch-Luxemburg). Die zweisprachige Region Brüssel gehört keiner Provinz an. Die deutschsprachigen sog. Ostkantone sind Teil der Provinz Liège.

Die Tatsache, dass sich die Parteien nicht nur nach ihrer politischen Ausrichtung unterscheiden, sondern ihre jeweilige Basis entweder im flämischen oder im wallonischen Landesteil haben, erschwert regelmäßig die Regierungsbildung nach den Wahlen. Vor allem im flämischen Landesteil gibt es starke separatistische Tendenzen, die die Zukunft des Landes immer wieder ungewiss erscheinen lassen.

Wirtschaft

Nach dem Niedergang der wallonischen Kohle- und der Stahlindustrie seit den 1960er-Jahren hat sich innerhalb des Landes ein umfassender Strukturwandel vollzogen. In Limburg und Ostflandern haben sich Betriebe angesiedelt, deren Schwerpunkt auf neuen Technologien liegt: Software, Elektronik und Biochemie. Antwerpen ist nicht nur eine der bedeutendsten Hafenstädte der Welt, sondern auch das Zentrum der chemischen und Erdöl verarbeitenden Industrie. Ein weiterer bedeutender Erwerbszweig ist die Verarbeitung von Diamanten. Vier Diamantenbörsen verhelfen Antwerpen zum Ruhm eines Welthandelszentrums für die edlen Steine. Seit einigen Jahren ist zudem die Kreativität junger Modemacher und Designer ein spürbarer Wirtschaftsfaktor der Hafenstadt. Auch wenn die Landwirtschaft bei den Beschäftigtenzahlen und beim Bruttoinlandsprodukt eine relativ geringe Rolle spielt, hat der stark intensivierte Gemüseanbau traditionell eine wichtige Bedeutung im Agrarsektor. Nicht weniger als ein Viertel des Landes wird landwirtschaftlich genutzt.

Bevölkerung und Sprache

»Belgier«, lautet ein geflügeltes Wort, »gibt es gar nicht.« Die Bevölkerung von 10,8 Mio. zerfällt – nahezu wörtlich – in die Niederländisch sprechende Bevölkerungsgruppe der Flamen und die französischsprachige Gruppe der Wallonen; hinzu kommen knapp 1 % deutschsprachige Belgier in den Ostkantonen.

Ein hoher Anteil an Einwanderern (8 % aus 114 Ländern) trägt ebenso zum Sprachengemisch bei. Doch der komplexe Sprachenstreit wird ausschließlich zwischen Wallonen und Flamen ausgetragen › S. 28.

Geschichte im Überblick

1. Jahrtausend v. Chr. Keltenstämme besiedeln Westeuropa.
57 v. Chr. Cäsars Soldaten unterwerfen die Gallier, darunter den Stamm der »Belgae«. Gründung der Provinz Gallia Belgica.
3.–5. Jh. Die Franken queren den Rhein und besiedeln Gallien. Die Christianisierung beginnt.
721 Gründung des Bistums Lüttich.
843 Teilung des Frankenreiches. Die Schelde teilt Flandern von der Wallonie, die nun zu »Lotharingien« gehört.
11. Jh. Der Aufbau des Tuchhandels bringt Flandern großen wirtschaftlichen Aufschwung.
1302 In der »Schlacht der Goldenen Sporen« bei Kortrijk besiegen schlecht bewaffnete flämische Bauern, Handwerker und Bürger ein französisches Ritterheer.
1369 Margarethe, die Tochter des letzten Grafen von Flandern, heiratet Philipp den Kühnen von Burgund. Flandern wird burgundisch.
15. Jh. Die Herzöge von Burgund erobern und erwerben das ganze Gebiet des heutigen Belgien: Es folgen wirtschaftlicher Aufschwung und kulturelle Blütezeit.
1425 Die Universität von Löwen (Leuven) entwickelt sich zum europäischen Zentrum für Rechtswissenschaft.
1477 Maria, die Tochter und Erbin des letzten Herzogs von Burgund, heiratet Maximilian von Österreich. Die »Niederen Lande« fallen an die Habsburger.
1541 Mercator zeichnet die erste Landkarte von Flandern.
1555 Karl V. muss nach seiner Niederlage gegen die protestantischen deutschen Fürsten zugunsten seines Sohnes, Philipp II. von Spanien, auf die Niederen Lande verzichten.
1566 Der spanische Herzog von Alba errichtet eine Schreckensherrschaft. Tausende von Protestanten flüchten, das wirtschaftliche und kulturelle Leben verödet.
1579 Die sieben nördlichen protestantischen Provinzen, die heutigen Niederlande, schließen sich in der Utrechter Union zusammen und erklären 1581 ihre Unabhängigkeit.
1648 Westfälischer Friede: Spanien erkennt die Unabhängigkeit der Nordprovinzen an. Belgien bleibt spanisch.
1667 Der französische König Louis XIV. erobert Teile Flanderns und des Hennegaus. Lille wird französisch.
1701–1713 Der Spanische Erbfolgekrieg wütet in Belgien. Im Frieden von Aachen fallen Belgien und Luxemburg an Österreich.
1795 Das revolutionäre Frankreich annektiert Belgien und Luxemburg, die bis zum Sturz Napoleons französisch bleiben.
1815 Letzte Niederlage Napoleons in Waterloo. Die Niederlande

und Belgien werden unter Wilhelm I. von Oranien zum Königreich der Vereinigten Niederlande zusammengefasst.

1830/31 Revolution in Brüssel; Unabhängigkeit Belgiens als neutrales Königreich unter Leopold von Sachsen-Coburg.

1839 Luxemburg erwirbt die Unabhängigkeit.

1881 König Leopold II. erwirbt den Kongo: Belgien wird Kolonialmacht.

1914–1918 Deutsche Truppen besetzen Belgien und Luxemburg.

1940–1944 Die Deutsche Wehrmacht besetzt die neutralen Länder Belgien und Luxemburg, die belgische Regierung flieht nach Großbritannien.

1948 Zoll- und Wirtschaftsunion der Beneluxstaaten.

1957 Beitritt zur Europäischen Wirtschaftsgemeinschaft.

1971 und **1980** Verfassungsreformen zugunsten der beiden Sprachgruppen.

1993 Albert II. besteigt den Thron. Belgien wird Bundesstaat; die drei Sprachgruppen erhalten eigene Parlamente und weitgehende Selbstbestimmungsrechte.

2011 Im März stellt Belgien einen zweifelhaften Rekord auf: Kein Land hat bisher so lange gebraucht, um eine Regierung zu bilden. Seit den Parlamentswahlen im Juni 2010 scheitern alle Koalitionsverhandlungen zwischen den zerstrittenen Politikern aus Flandern und der Wallonie.

Natur und Umwelt

Waldlandschaften, Hügel, Felder und die See

So klein das Land, so mannigfaltig seine Landschaften: Im Südosten, geographisch dem Rheinischen Schiefergebirge zugehörig, erhebt sich das bewaldete Mittelgebirge der Ardennen mit Schluchten und Höhlen. Die Maas, einer der bedeutendsten Flüsse Europas, durchfließt es. Belgiens höchste Erhebungen liegen im Osten, nahe der deutschen Grenze, wo wasserundurchlässige Schieferböden eine weite Hochmoorfläche, das Hohe Venn, geschaffen haben. Die Niederen Ardennen, durch die Landschaftsnamen Condroz, Famenne und Herveland markiert, schließen sich mit ihren hügeligen Hochflächen im Westen an – eine milde, fruchtbare Landschaft mit Feldern und Obstbaumplantagen. Im Südwesten, in der Borinage, hat man die Erde auf der Suche nach Steinkohle schon im vorletzten Jahrhundert aufgerissen. Nach Norden hin breiten sich die ebenfalls hügeligen Landstriche Südbrabants und des Haspengaus aus, mit ihren schweren Lehmböden außerordentlich fruchtbare Gebiete. Karger wird das Bild in der welligen Heidelandschaft des Kempenlandes an der Grenze zu den Niederlanden.

Die Aufforstung und der Ausbau von Bewässerungssystemen haben den Anbau von Feld- und Ackerfrüchten, vor allem aber die Zucht von Schnittblumen möglich gemacht. Nach Westen zu gehen die Hügel Mittelbelgiens über in das offene Tiefland Westflanderns mit weiten, von kleinen Entwässerungskanälen durchzogenen Wiesenflächen. Der 67 km lange Sandstrand mit bis zu 30 m hohen Dünen schließt das Land zur Nordsee hin ab.

Natur

Ursprüngliche Natur ist rar in der dicht besiedelten Kulturlandschaft Belgiens. Ausufernde Ballungsgebiete, Industrieansiedlungen und intensive Landwirtschaft haben ihren Tribut gefordert. Nur an wenigen

Der Sprachenstreit

Der schwer lösbare Konflikt zwischen Flamen und Wallonen, der bereits mehrere belgische Regierungen zu Fall brachte, reicht weit in die Geschichte des Landes zurück: Während der Blütezeit Flanderns und Brabants, also bis ins 16. Jh., war Niederländisch die Sprache der wohlhabenden Kaufleute, der Handwerker und der Gebildeten. Im Verlauf der Religionskriege flüchteten viele der meist flämischen Protestanten. Die flandrischen Landstriche verwaisten, die zurückbleibende Bevölkerung verfiel nach und nach in ihre alten, regional gefärbten Dialekte. Lesen und Schreiben, einst eine Selbstverständlichkeit, war bald nur noch einer Minderheit geläufig. Mittlerweile waren die wallonischen Regionen durch die Kohlevorkommen wirtschaftlich zu Macht gelangt. Französisch wurde zur Herrschaftssprache. Auch die nationale belgische Revolution 1830 wurde von den Frankophonen getragen.

Erst Schriftsteller wie Guido Gezelle (1830–1899) und Hendrik Conscience (1812–1883) weckten wieder das Bewusstsein der Flamen für ihre kulturelle Identität. Diese Autoren vereinten die bäuerlich gefärbten Dialekte zu einer Schriftsprache, und gegen viele Widerstände errang das Flämische den Status einer gleichberechtigten Landessprache.

Seitdem die flämischen Landesteile die wallonischen auch wirtschaftlich überflügelten, haben sich die Machtverhältnisse umgekehrt. Die Flamen sehen sich als Träger der belgischen Wirtschaftskraft. Vor allem populistische Parteiprogramme versuchen mit der Forderung, der Wallonie die Subventionen zu kürzen, zu punkten. Am deutlichsten tritt das Sprachenproblem in der Region Brüssel zutage. In der Stadt spricht man Französisch, im Umland Flämisch. Doch mit jeder Familie, die aus der Stadt hinaus ins Grüne zieht, ändert sich die alt hergebrachte Sprachlandschaft

Bei aller politischen Zwietracht: Im Alltag spielt der Streit oft keine Rolle. Vor allem in Brüssel wechseln viele mühelos vom Niederländischen ins Französische – in die andere Richtung gibt es allerdings mehr Probleme.

Stellen, streng geschützt und sorgfältig aufbereitet, ist noch ein letzter Rest Natur zu besichtigen, so etwa im Hochmoor Hohes Venn mit seiner einzigartigen Vegetation, in der Heidelandschaft des Nationalparks Hoge Kempen im Nordosten Flanderns, im Vogelschutzgebiet Het Zwin bei Knokke oder in einigen Teilen der Ardennen, wo Wildschweine, Rehe und manchmal sogar ein kapitaler Hirsch durch die Wälder streifen.

Eine Sprache, die jeder versteht …

Kunst und Kultur

Romanik und Gotik

In und um Lüttich, dem ersten Bistum des Landes, wurden bereits um das Jahr 1000 hochrangige Kunstwerke geschaffen wie das Taufbecken der Kirche St. Barthélémy, das Renier de Huy 1115 goss.

Ein herausragendes Bauwerk der Romanik ist die Kathedrale von Tournai (1141), deren fünf Türme bereits im Stil der Gotik errichtet wurden. Elegant in die Höhe wachsende Bündelpfeiler, ausgeklügeltes Strebewerk und große Fenster, die die hohen Räume in farbiges Licht tauchten, sind die Merkmale vieler nachfolgender Gotteshäuser u.a. in Brüssel, Antwerpen und Mechelen. Der in Flandern hervorgebrachte Flamboyantstil war auch für Profanbauten wie geschaffen. Die Rathäuser in Leuven und Oudenaarde sind die berühmtesten Beispiele dafür. Auch Tuch- und Fleischhallen wuchsen im neuen Stil empor.

Die Welt der schönen Bilder

Im 15. Jh. entstanden die Tafelbilder Rogier van der Weydens, Jan und Hubert van Eycks (Genter Altar) und Hans Memlings. Sie bestechen durch ein neues Verhältnis zur Realität, minutiöse Landschaftsdarstellungen und ausdrucksstarke Gesichter. Wohlhabende Städte stellten nun Stadtmaler an, die zu festgelegten Bedingungen für sie arbeiteten. Es entstand erstmals ein regelrechter Markt für Gemälde.

In Oudenaarde, Brüssel und Tournai entwickelte sich, begünstigt durch die Großaufträge der Herzöge von Burgund, die Bildweberei. Messingarbeiten aus Dinant, sog. »Dinanderien«, waren als Leuchter, Taufbecken und Lesepulte begehrt.

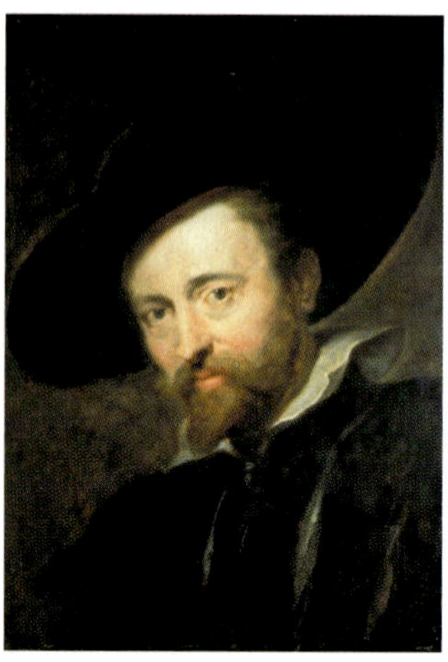
Peter Paul Rubens (1577–1640)

Renaissance und Barock

Im 16. Jh. überflügelte Antwerpen als Umschlagplatz die Weltstadt Brügge. In den gebildeten Schichten verbreitete sich das Ideengut des Humanismus – u.a. durch die Bücher des Antwerpener Druckhauses Plantin. Das Rathaus von Antwerpen war das erste Gebäude im Stil der flämischen Renaissance: Giebel und Säulen, Obelisken und Kartuschen gliederten die Fassaden der Repräsentationsbauten. Der größte Maler jener Zeit war der in Antwerpen und Brüssel lebende Pieter Brueghel der Ältere (ca. 1525–1569).

Es war aber auch eine Epoche des Umbruchs. Protestantischer Bildersturm, Unabhängigkeitskriege und französische Besatzung hinterließen geplünderte Kirchen, die im 17. Jh. barock neu ausgestattet wurden. Der Marktplatz von Brüssel ist ein großartiges Beispiel barocken Städtebaus. Peter Paul Rubens richtete in Antwerpen sein Atelier ein und befruchtete die europäische Kunst.

Vom Historismus bis zur Gegenwart

Nach einer Epoche des wirtschaftlichen und künstlerischen Niedergangs verlangte erst Ende des 19. Jhs. der neu geschaffene belgische Staat wieder nach repräsentativen Prachtbauten. Der Historismus, der Versatzstücke früherer Stile neu mixte – exemplarisch am Brüsseler Justizpalast zu studieren – kam diesem Bedürfnis entgegen. Zugleich entstanden kapriziöse Jugendstilbauten, die von Architekten wie Victor Horta (1861–1947) bis ins letzte Detail ausgestaltet wurden.

In der Malerei des 20. Jhs. feierte der Surrealismus von René Magritte und Paul Delvaux Triumphe; einzigartig sind die Werke von James Ensor. In der Literatur sind Schriftsteller wie Maurice Maeterlinck (Literaturnobelpreis 1911), Georges Simenon oder Hugo Claus hervorzuheben. Jacques Brel mit seinen Chansons sei stellvertretend für die Musikszene des 20. Jhs. genannt.

Einen besonderen Beitrag zur bildenden Kunst leistet Belgien seit ca. 1930: Die »Bandes Dessinées«, kurz »BD« genannt und mit »Comics« nur unzureichend übersetzt, haben eine neue Kunstgattung hervorgebracht, die Millionen von Lesern gewonnen hat – die Sprache der Bilder scheint ein einigendes Band in diesem vom Sprachenstreit zerrissenen

Land zu sein. Mit Helden wie Gaston von André Franquin oder Spirou und Fantasio von Rob-Vel/Jijé etablierte sich die franco-belgische Schule des Comic-Zeichnens. Sie hat Hergé (Tim und Struppi), Morris (Lucky Luke), Peyo (Die Schlümpfe) und Schuiten/Peeters (Brüsel) hervorgebracht. Im Brüsseler Comic-Museum, dem von Victor Horta geplanten einstigen Nobelkaufhaus Maison Waucquez, werden Originalentwürfe und Raritäten sowie Zeichentrickfilme gezeigt (20, rue des Sables; Di–So 10–18 Uhr, www.cbbd.be).

Feste und Veranstaltungen

Volksfeste, Jahrmärkte, Umzüge und Prozessionen überziehen Belgien von Ostern bis in den Herbst hinein mit bunter Fröhlichkeit. An erster Stelle stehen die religiösen Feste: Die Heilig-Blut-Prozession in Brügge sowie der »Ommegang«, ein farbenprächtiger historischer Umzug über den Brüsseler Großen Markt. Aber auch den Karneval begeht man, und zwar ebenso ausgelassen wie im Rheinland.

Festkalender

Karneval: Umzüge u.a. in Stavelot, Binche, Aalst, Eupen und Malmedy.

Ostern: Am Karfreitag großer **Blumenmarkt** in Tournai.

April: alle fünf Jahre Blumenschau **Floralien** in Gent (2015).

Mai: Ab Mitte Mai präsentiert das **KunstenFESTIVALdesArts** internationale Musik-, Tanz-, Theater- und Opernproduktionen in Brüssel. Letztes Wochenende: **Jazz-Rallye** in Brüssel. Himmelfahrtstag: **Heilig-Blut-Prozession** in Brügge, **Hanswijck-Prozession** in Mechelen.

Juni: Am zweiten Sonntag Umzug mit 15 Riesenfiguren inklusive Blumenkorso und **Festival der Militärmusik** in Tournai.

Juli: Erster Donnerstag **Ommegang** auf der Grand'Place in Brüssel; **Festival Francofolies** in Spa für zeitgenössische Musik aus dem französischen Sprachraum;

Mitte Juli: zehn Tage **Gentse Feesten** in Gent, eines der größten Volks- und Folklorefeste Europas; dritter Samstag: **Parade der Riesen** in Wenduine; letzter Sonntag: **Bußprozession** in Veurne.

August: **Sandskulpturenfest** von Zeebrügge; letzter Sonntag: **Riesen-Hochzeit** in Ath; Riesen-Umzug in Dendermonde; **Bogenschützentreffen** am Grote Markt in Oudenaarde. Alle zwei Jahre (2012, 2014 etc.) am 15. Aug.: **Blumenteppich** in Brüssel.

September: Erstes Wochenende: **Pestprozession** in Tournai; erster Sonntag: **Open Monumentendag** (»Tag des offenen Denkmals«) in ganz Belgien.

Essen und Trinken

Die belgische Küche ist eine gelungene Mischung aus der gehaltvollen großbürgerlichen Küche der wohlhabenden Kaufleute Flanderns und Brabants und französischem Raffinement. Sowohl in Belgien wie in Luxemburg kann man hervorragend speisen. Regionale Spezialitäten werden sorgfältig gepflegt.

Schinken aus den Ardennen, frische Muscheln und Krabben können der viel versprechende Auftakt zu einem opulenten Mahl sein. Zum Hauptgang serviert man gern Fisch oder Meeresfrüchte, in der Saison häufig Muscheln in köstlichem Gemüsesud. Kaninchen mit Pflaumen in Senfsoße oder Flämische Karbonade (eine Art Rinderschmorbraten) sind ebenfalls nicht zu verachten. Im März sind Hopfensprossen eine Delikatesse. Kenner halten sie für noch köstlicher als den Spargel von Mechelen. In den Ardennen und in Luxemburg stehen häufig Forelle oder Wild auf der Karte. Wer Süßes mag, kann in Belgien wahrlich schwelgen

Die bekannteste Spezialität des Landes sind jedoch die »Frietes«, die am besten in der traditionellen »frietkot« (in der Wallonie: »Friterie«) schmecken. Neben Pommes frites werden dort auch Schaschlik, Kroketten und Fleischbällchen verkauft. Das belgische Nationalgericht wurde übrigens von Maasfischern erfunden, die im Winter mangels der üblichen kleinen Fische Kartoffelschnitze ins heiße Fett warfen.

Überreich ist das Angebot an Biersorten, wobei ähnliche Geschmacks- und Qualitätsunterschiede gelten wie anderswo beim Wein. Im luxemburgischen Moselgebiet wird ein hervorragender trockener Weißwein gekeltert.

Die interessantesten Restaurants

Comme chez soi
Eine Brüsseler Institution mit traditionsbewusster, dennoch fantasievoller Küche. › S. 46

La Bergerie
Charmantes Lokal an der Maas, solide belgische Küche mit vielen Produkten aus eigener Herstellung. › S. 67

De Karmeliet
In Brügge pflegt der renommierte Geert van Hecke einen sehr persönlichen Kochstil mit ungewöhnlichen Kombinationen. › S. 101

Hof van Cleve
Riemegemstr. 1][9770 Kruishoutem
www.hofvancleve.com
Gehobene Küche mit exquisiten Zutaten in einem restaurierten Bauernhaus bei Oudenaarde. Reservierung über die Website. ●●●

Héliport
7, Esplanade Albert I.][4000 Liège
Tel. 04/252 13 21
www.restaurantheliport.be
Grand Cuisine am Ufer der Maas im Ambiente einer Luxusjacht. ●●●

Special

Belgische Braukunst

Lieben Sie ihr Bier frisch und herb, malzig-süß oder kräftig-bitter, mit Koriander oder mit Kirschen? Jeder Getränkemarkt in Belgien ist ein Bier-Schlaraffenland, jede Straßenkneipe ein kleines Paradies. Wer die mehr als 500 Sorten durchprobieren möchte, müsste Monate im Land verbringen.

Wie jedes Bier bestehen auch die belgischen Klassiker aus Hopfen, Malz und Wasser. Höchst unterschiedlich sind jedoch die Feinrezepturen der Braumeister. Entscheidend für Farbe und Aroma ist das Malz, die Hefe steuert den Gärprozess, und der Hopfen ist sowohl für die Konservierung als auch für eine feste Blume ausschlaggebend. Dazu kommen, je nach Sorte, verschiedene natürliche Aromastoffe wie Gewürze, Früchte oder Kräuter (Homepage der Konföderation der Brauereien Belgiens www.beerparadise.be).

Zunft der Bierbrauer

Rund 30 Betriebe der Vereinigung der belgischen Brauereien präsentieren jeden September auf der Grand-Place in Brüssel ihre neuesten süffigen Kreationen (www.weekenddelabiere.be). Ganzjährig steht das **Brauereimuseum** offen.

Belgian Brewers
10, Grand Place][1000 Brüssel
Tel. 02/511 49 87
tgl. 10–17 Uhr

Biermuseen und Schaubrauereien

Immer noch besitzen viele Orte ihre eigenen Brauereien. Und selbstverständlich endet jede Besichtigung mit einer ausführlichen Bierprobe in der hauseigenen Brasserie.

■ **Dampfmaschinenbrauerei**
1, rue du Maréchal
7904 Pipaix en Hainaut
Tel. 069/66 20 47][www.vapeur.com
Letzter Sa im Monat 9–19 Uhr

■ **Brasserie des Bocqs**
Rue de la Brasserie][5330 Purnode
Tel. 082/61 07 80][www.bocq.be
Führungen auf Anfrage

■ **Bières de Chimay**
8, rte Charlemagne][6464 Bailleux-Chimay][Tel. 060/21 03 11
www.chimay.com
Führungen tgl. 10 und 14 Uhr

■ **Brasserie Caracole**
86, Côte Marie-Thérèse
5500 Falmignoul][Tel. 082/74 40 80
www.brasserie-caracole.be
Juli/Aug. tgl. 13–19, sonst
Sa 14–19 Uhr

■ **Brasserie Cantillon**
56, rue Gheude
1070 Bruxelles
Tel. 02/521 49 28
www.cantillon.be
Mo–Fr 8.30–17,
Sa 10–17 Uhr

Gueuze-Tour

Stadtrundgänge zum Thema »Brüsseler Bier« (in der Regel auf Französisch) inklusive eines traditionellen Essens bietet das Zentrum für Wirtschafts- und Sozialgeschichte La Fonderie an.

■ **La Fonderie**
27, rue Ransfort][1080 Bruxelles
Tel. 02/410 99 50

Abtei für Genießer

In den Gewölbesälen der Prämonstratenserabtei **Floreffe,** 17 km südwestlich von Namur, werden zu den hausgebrauten Bieren auch Käse, Pasteten und Forellen aus eigener Produktion serviert.

Abbaye Floreffe
7, rue du Séminaire][5150 Floreffe
Tel. 081/44 53 03
www.abbaye-de-floreffe.be

Gerstensaft-Spezialist

Gut 300 Biersorten und einen Wirt, der als Experte für belgischen Gerstensaft im ganzen Land bekannt ist, findet man in **'t Brugs Beertje** in Brügge

't Brugs Beertje
Kemelstraat 5][8000 Brügge
www.brugsbeertje.be
tgl. außer Mi ab 16 Uhr

Kleines Bierlexikon

■ **Bière des Ours:** Mit Honig aromatisiertes »Bären-Bier« aus Binche.

■ **Blanche/Witbier:** Junges, ungefiltertes Weizenbier, meist mit Koriander und Orangenschale aromatisiert. Bekannteste Marke: Hoegaarden

■ **Lambic/Lambiek:** Diesem nur in Brüssel gebrauten Bier wird keine Hefe zugesetzt, der Gärvorgang kommt spontan zustande.

■ **Geuze:** Leichtes, süffiges Lambic mit typisch säuerlichem Geschmack.

■ **Kriek:** Ein Lambic-Bier, dem während der Reife Kirschen zugesetzt werden.

■ **Trappistbier:** Untergäriges, dunkles Spezialbier nach traditioneller Klosterrezeptur.

Shopping

Zum Shoppen nach Belgien? Aber ja! Gerade »followers of fashion« werden hier auf jeden Fall fündig. Ein besonderer Besuchermagnet ist Maasmechelen Village, ein großes Outlet Center in der Nähe von Genk (Provinz Limburg), in dem alle gängigen Marken vertreten sind (www.maasmechelenvillage.com). Kleiner, aber ebenfalls nicht ohne ist das Ardennes Outlet Centre in Verviers (www.ardennesoutlet.com). Wer es lieber authentisch mag, ist in Antwerpen gut aufgehoben. Die dortige Hochschule für Mode und das Flanders Fashion Institute bringen seit vielen Jahren aufregende Designer hervor – viele sind rund um das Modemuseum MoMu zu finden. Auch Brüssel kann in puncto Mode und Design Interessantes bieten. Vor allem in der Rue Dansaert ballen sich Boutiquen, Möbeldesigner und Vintage-Läden.

Edlen Schmuck mit echten Steinen erwirbt man in Antwerpen, dem Weltzentrum des Juwelenhandels bei den Juwelieren zwischen Bahnhof und Stadtpark. Man sollte auf das Qualitätslabel ADJA (Antwerp Diamond Jewellers Association, www.adja.be) achten.

Feinschmecker haben eigene Ziele: Sie kaufen extrascharfen Senf in Gent, deftige Wurstwaren und aromatischen Schinken in den Ardennen, besuchen die Klostermeiereien auf der Suche nach duftenden Käsesorten oder schlagen auf den Wochenmärkten bei den *Charcutiers,* den Metzgern zu: scharf gewürzte *Merguez* aus Nordafrika, sanft schmelzende *Boudin noir,* Blutwurst oder gar die ominöse *Andouillette,* die aus Kutteln zusammengedreht ist.

Süßschnäbel verfallen handgemachten Pralinen oder edlen Schokoladen aus der örtlichen Confiserie bzw. genauso den unwiderstehlichen Werken der Konditorenkunst – besonders gute finden sich übrigens in Veurne in den Bäckereien am Marktplatz.

Die besten Chocolatiers

Der Apotheker Jean Neuhaus erfand 1912 die Praline. Seither ist so mancher den zart schmelzenden kleinen Kunstwerken verfallen. Die belgischen Chocolatiers verführen mit immer neuen, exquisit präsentierten Geschmacksvarianten. Hier ein paar klassische Adressen:

- **Neuhaus**
  www.neuhaus.be › S. 47
- **Burie**
  Korte Gasthuisstraat 3
  2000 Antwerpen][www.burie.be
- **The Chocolate Line**
  S. Stevinplein 19][8000 Brügge
  www.thechocolateline.be
- **Wittamer**
  6, place du Grand Sablon
  1000 Brüssel][www.wittamer.com
- **Chocolatier L. van Hoorebeke**
  Sint-Baafsplein][9000 Gent
  www.chocolatesvanhoorebeke.be

Unterwegs in Belgien und Luxemburg

Entdecken Sie die einzelnen Reiseregionen – jeweils mit den schönsten Touren, allem Sehens- und Erlebenswerten, Hotel-, Restaurant-, Nightlife- und Shoppingtipps

***Brüssel

Nicht verpassen!

- Einen Kaffee auf der Grand-Place trinken und die prachtvollen Fassaden rundherum genießen
- Einen Streifzug durch die Jugendstil-Viertel Ixelles und St-Gilles unternehmen
- Abenteuer für Ohren und Augen im Musikinstrumentenmuseum erleben
- Um ein kurioses Mitbringsel auf dem Flohmarkt in den Marollen feilschen
- Auf den Fassaden der Innenstadt mindestens zehn Comic-Helden ausfindig machen

Karte Seite 43

Zur Orientierung

Brüssel ist nicht groß, was Besuchern entgegen kommt: Wer gut zu Fuß ist, kann die meisten Strecken laufen. Das Stadtzentrum wird auch »Pentagone« genannt, Fünfeck, nach der Form, in der die großen Boulevards die Innenstadt umschließen. Hier liegt das Herz Brüssels, die Grand-Place (Grote Markt), umgeben vom Gewirr kleiner Gassen, in denen sich Restaurants und Kneipen drängen. Nordwestlich davon durchschneidet ein Boulevard das Zentrum und verbindet den Nord- mit dem Südbahnhof. Jenseits davon beginnt, rund um die Kirche Ste.-Cathérine/Sint-Katelijne sowie entlang des alten Fischmarkts, ein Paradies der Schlemmer.

Südöstlich der Grand-Place führt eine Treppenanlage hinauf zur Oberstadt mit den repräsentativen Gebäuden entlang der Rue Royale. Auch die ebenso eleganten wie gemütlichen Plätze Grand Sablon und Petit Sablon liegen hier. An der Südspitze des Fünfecks erhebt sich der gewaltige Justizpalast, zu seinen Füßen das alte Arbeiterviertel Marollen.

Gleich außerhalb des Fünfecks führt die Avenue Louise mit ihren exklusiven Modegeschäften nach Süden, zum Bois de la Cambre, dem bevorzugten Naherholungsgebiet der Brüsseler. Östlich der Avenue beginnt das Jugendstilviertel Ixelles, dahinter liegt die etwas pompöse Anlage des Jubelparks/Cinquantenaire. Von dort stadtauswärts überwuchern die Behörden und Kommissionen der EU die alten Viertel.

Am nördlichen Stadtrand liegt das Viertel Heysel mit dem in neuem Glanz erstrahlenden Atomium. Im Stadtteil Laeken gleich nebenan hat der belgische König seine Residenz.

Das Atomium, erbaut für die Weltausstellung 1958

Touren in der Stadt

Ein Wochenende in Brüssel

– 4 – Grand-Place › Manneken Pis › Galéries St-Hubert › Oberstadt › Atomium › Fischmarkt › Ilôt Sacré › Grand Sablon

Dauer: 3 Tage
Praktische Hinweise: Mit der Brussels Card hat man freie Fahrt mit allen Verkehrsmitteln, freien Eintritt in über 30 Museen und Rabatt in diversen Restaurants, Bars und Geschäften. Sie gilt ein, zwei oder drei Tage (24, 34 oder 40 €) und ist beim Infobüro, an den großen Verkaufsstellen der Metro und in einigen Museen erhältlich (www.brusselsscard.be).

Alle Jahre mit gerader Zahl wird die Grand-Place mit Blumen bedeckt

Der erste Weg am Freitag Nachmittag sollte Sie auf jeden Fall auf die ***Grand-Place › S. 42 führen, den Empfangssalon der Stadt. Streifen Sie dann ein wenig durch die umliegenden Gassen, besuchen Sie **Manneken Pis** › S. 42, flanieren Sie durch die **Galéries St-Hubert** › S. 42. Unterwegs finden Sie garantiert ein Restaurant, das Ihnen zusagt.

Am nächsten Tag erkunden Sie die Oberstadt. Dabei steht Ihnen die Qual der Wahl eines Museumsbesuchs auf dem **Mont des Arts** (**) › S. 45 bevor. Am Nachmittag könnte eine kleine Shoppingtour folgen oder ein Abstecher zum ***Atomium** › S. 46, und am Abend, vielleicht nach einem Hummergelage am Fischmarkt, eine Tour durch die Kneipen und Bars der Ilôt Sacré, der Altstadt.

Am Sonntag ist ein Besuch auf einem der Märkte ein Muss: Auf der **Place du Jeu de Balle** › S. 46 geht es volkstümlich, auf dem **Grand Sablon** › S. 45 eher elegant zu, aber auch der Lebensmittelmarkt am Gare du Midi mit exotischen Gewürzen hat seine Reize.

Jugendstiltour durch Ixelles und St-Gilles

– 5 – Musée Horta › Maison Hannon › Les Hiboux › Hôtel Ciamberlani › Hôtel Janssens › Haus Hankar › Hotel Tassel › Hôtel Solvay

Dauer: 3–4 Stunden
Praktische Hinweise: Das Musée Horta (Di–So 14 bis 17.30 Uhr) erreicht man mit den Straßenbahnlinien 81, 92, 97 (bis Stop Janson) und Bus Nr. 54. Das Maison Hannon ist Mi–Fr 11–18, Sa–So 13 bis 18 Uhr geöffnet. Die anderen Häuser sind Wohnhäuser und nur von außen zu besichtigen.

Karte Seite 43

Zu Beginn des 20. Jhs. war Belgien eines der innovativsten Länder Europas, und die zu Wohlstand gekommenen Fabrikanten gingen auch als Bauherren neue Wege. Victor Horta war der maßgebliche Architekt des angesagten Stils Art nouveau, die UNESCO ehrt seine Bauten als Weltkulturerbe. Er und seine Kollegen bauten fantasievolle, bis ins letzte Detail ausgetüftelte Häuser. An seinem Wohnhaus, dem ***Musée Horta 15, beginnt der Spaziergang durch die Straßen zwischen Avenue Louise und Avenue Brugman/Chaussée de Charleroi. Das **Maison Hannon** 16 ist heute ein Museum für Fotografie, nicht weit davon errichtete Edouard Pelseneer das Haus **Les Hiboux** 17 mit den netten Eulen. Von dort aus geht es in die Rue Defacqz mit den Häusern **Hôtel Ciamberlani** 18, **Hôtel Janssens** 19 und dem **Haus von Paul Hankar** 20. Das ***Hôtel Tassel 21 zählt zu den schönsten Wohnhäusern Hortas, das ***Hôtel Solvay 22 ist das größte und luxuriöseste.

Wichtige Adressen

- **Touristeninformationsbüro Hôtel de Ville,** Grand-Place, Tel. 02/513 89 40, www.brussel.irisnet.be, tgl. 9–18, im Winter So 10–14 Uhr
- Öffentliche Verkehrsmittel unterstehen der Gesellschaft **STIB.** Information: Tel. 070/23 20 00, www.stib.be

Verkehrsmittel

Den Großraum erschließen Metrolinien von Ost nach West, Straßenbahnen (teils im Tunnel) sowie Buslinien. Sie verkehren von 6 Uhr früh bis Mitternacht.

Jugendstilbauten in Brüssel

- Das **Haus des Malers Saint-Cyr** ist ein nur 4 m schmales, verspieltes Bauwerk (11, square Ambiorix).
- Das **Palais Stoclet** hat der österreichische Architekt Josef Hoffmann im Stil der Wiener Sezession errichtet (281, avenue de Tervuren).
- Im **Kaufhaus Waucquez** ist das Centre Belge de la Bande Dessinnée (Comicmuseum) beheimatet (20, rue des Sables, Di–So 10–18 Uhr).
- Im exzentrischen **Old England** am Mont des Arts wurden einst Stoffe verkauft, heute ist hier das Musikinstrumentenmuseum untergebracht › S. 45.
- Die Fassade des **Cauchie-Hauses** schmückt ein riesiges Sgraffitobild (5b, rue des Francs).
- Im **Haus Autrique** werden mit raffinierten audiovisuellen Mitteln die früheren Bewohner des Gebäudes zum Leben erweckt (266, chaussée de Haecht, Mi–So 12–18 Uhr).
- Im **Café La Porteuse d'Eau** trinkt man sein Bier in original erhaltenem Jugendstilambiente (48a, avenue Jean Volders).
- Die Bänke in der Bar **De Ultieme Hallucinatie** hat Henry Van de Velde entworfen (316, rue Royale).

Unterwegs in Brüssel

Im Zentrum

***Grand-Place / Grote Markt 1

Einer der prächtigsten Plätze der Welt, als UNESCO-Weltkulturerbe ausgezeichnet, bildet das Herz der Stadt. Hier stand schon im 13. Jh. eine Tuchhalle, hier wurden Feste gefeiert, Turniere abgehalten und Gerichtsurteile vollstreckt. Nach den Zerstörungen durch die französischen Truppen 1695 wurden die Zunft- und Gildehäuser rund um den Platz mit seinen stattlichen Ausmaßen (110 x 70 m) in nur fünfjähriger Bauzeit umso prächtiger wiederhergestellt. Die vielfenstrigen Fassaden, mit unzähligen Säulchen, Girlanden und Figuren verziert und von fantasievollen Giebeln gekrönt, fügen sich harmonisch aneinander.

Die Nordwestseite der Grand Place flankiert das gotische, 1449 erbaute Rathaus ****Hôtel de Ville/Stadhuis** 2 mit seinem 96 m hohen Turm. Die Skulpturen der Fassade stellen Persönlichkeiten aus der Stadtgeschichte dar. Das Innere birgt eine Sammlung Brüsseler und Mechelner Gobelins aus dem 16., 17. und 18. Jh.

Direkt gegenüber stand einst das Zunfthaus der Bäcker (Broodhuis), später die ***Maison du Roi** 3 (Haus des Königs) mit dem Sitz des Gerichts. Heute residiert hier das ***Stadtmuseum**. Es präsentiert neben Objekten zur Stadtgeschichte auch die ca. 600 Stücke umfassende Kostümsammlung des Manneken Pis (Di–So 10 bis 17 Uhr, Führungen nach Vereinbarung; Tel. 02/279 43 50).

Manneken Pis 4

Die kleine Brunnenfigur aus dem 17. Jh. ist das prominenteste Symbol der Stadt. Seit Jahrzehnten bringen ihm Staatsbesucher und andere Offizielle Anzüge in ihrer Landestracht oder Mini-Uniformen als Gastgeschenk mit.

*Bourse 5

Die Brüsseler Börse stieg im 19. Jh. zum Brennpunkt des wirt-

1 Grand-Place/Grote Markt
2 Hôtel de Ville/Stadhuis
3 Maison du Roi/Broodhuis
4 Manneken Pis
5 Bourse
6 St. Nicolas (Sint Niklaaskerk)
7 Rue des Bouchers (Beenhouwersstraat)
8 Cathédrale St-Michel/ Sint-Michielskathedraal
9 Palais du Roi/Koninklijk Paleis
10 Musées Royaux des Beaux Arts
11 Musée des Instruments de Musique
12 Palais de Justice/Justitiepaleis
13 Notre-Dame-du-Sablon/ Onze Lieve Vrouw op de Zavel
14 Die Marollen
15 Musée Horta
16 Maison Hannon
17 Les Hiboux
18 Hôtel Ciamberlani
19 Hôtel Janssens
20 Haus von Paul Hankar
21 Hôtel Tassel
22 Hôtel Solvay

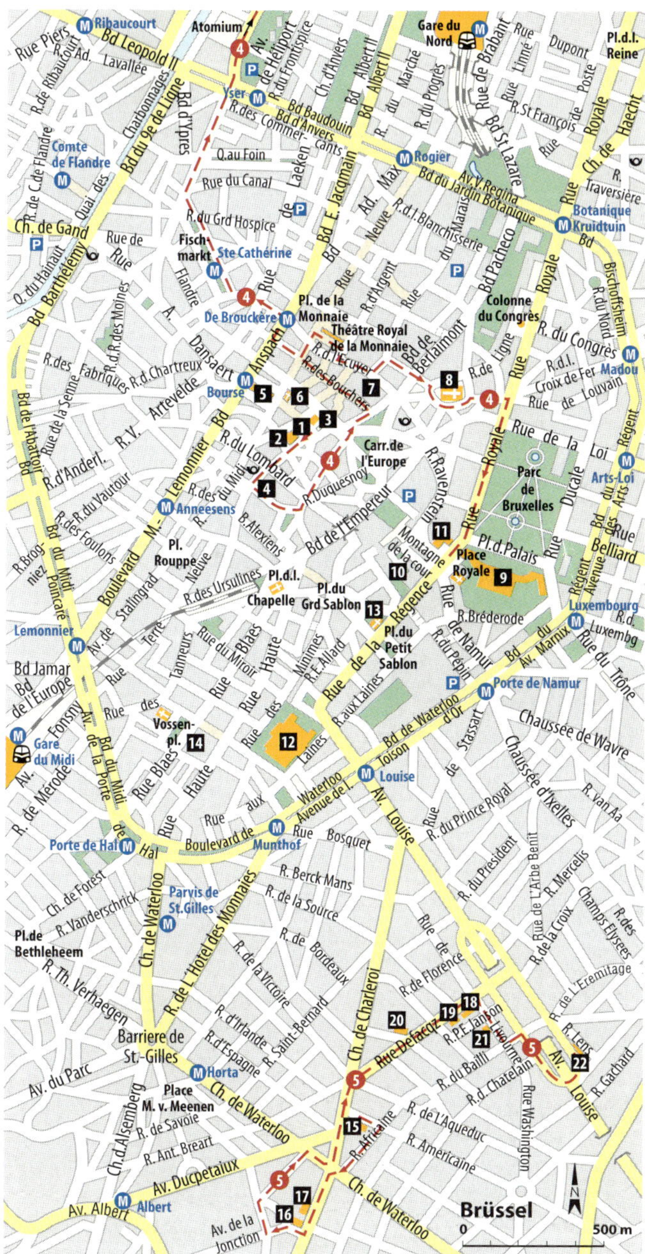
Ribaucourt
Atomium
Gare du Nord
Pl.d.l. Reine
Rue Piers
R.de Ribaucourt
R. Ad. Lavallée
Bd Leopold II
Bd du 9e de Ligne
Charbonnages
Bd d'Ypres
Yser
Av. de Heliport
R. du Frontispice
Ch. d'Anvers
Bd Albert II
R. du Marché
R. du Progrès
Rue de Brabant
Rue Linné
Rue Dupont
R. St François
Rue de la Poste
Rue Royale
Ch. de Haecht
R.des Commer-cants
Bd Baudouin
Bd d'Anvers
Rogier
Bd St Lazare
Comte de Flandre
R.de C.de Flandre
Q.au Foin
Rue du Canal
Laeken
Bd E. Jacqmain
Ad. Max
Av.V.Regina
Bd du Jardin Botanique
R. Traversière
Botanique Kruidtuin
Quai des Charbonnages
Ch. de Gand
R.du Grd Hospice
Rue de Flandre
Fisch-markt
Ste Cathérine
R.d.l.Blanchisserie
Rue du Marais
Bd Pacheco
Q. du Hainaut
Bd Barthélemy
Rue Neuve
R.d'Argent
Bd Bischoffsheim
R.du Nord
Pl. de la Monnaie
De Brouckère
Colonne du Congrès
R.des Moines
A. Dansaert
Théâtre Royal de la Monnaie
R.d.l'Ecuyer
R.des Bouchers
Bd de Berlaimont
R. du Congrès
Madou
R.des Fabriques
R.d.Chartreux
Bourse
Anspach
R.de Ligne
R.d.l. Croix de Fer
Rue de Louvain
Bd de l'Abattoir
Rue de la Senne
R.V. Artevelde
Bd M.- Lemonnier
R.du Lombard
Carr.de l'Europe
R.Ravenstein
Rue de la Loi
Parc de Bruxelles
Arts-Loi
Bd du Régent
Rue Ducale
R.d'Anderl.
R.des du Midi
R. Duquesnoy
Bd de l'Empereur
Av. des Arts
Rue Belliard
R.du Vautour
R.des Foulons
Anneesens
R.Alexiens
Montagne de la cour
Pl.d.Palais
Place Royale
R.Brognicz
Bd du Midi
Poincaré
Pl. Rouppe
Boulevard
Av. de Stalingrad
R.des Ursulines
Pl.d.l. Chapelle
Pl.du Grd Sablon
Rue de la Régence
Rue de Namur
R.Bréderode
Luxembourg
R.d. Luxembg
Lemonnier
Terre Neuve
Tanneurs
Rue du Miroir
Rue Blaes
Rue Haute
Minimes
R.E.Allard
Pl.du Petit Sablon
R.du Pépin
Av. Marnix
Rue du Trône
Bd Jamar
Bd de l'Europe
Av. Fonsny
Rue des Vossen-pl.
R.aux Laines
Bd de Waterloo
Porte de Namur
Chaussée de Wavre
Gare du Midi
Av. de la Porte
Bd du Midi
R. de Merode
Rue Blaes
Rue Haute
Rue des Laines
Toison d'Or
Stassart
Chaussée d'Ixelles
Louise
Rue aux
Avenue de l. Waterloo
Av. Louise
Rue du Prince Royal
R. van Aa
Porte de Hal
Bd de Hal
Boulevard de Waterloo
Munthof
Rue Bosquet
R. Berck Mans
R. du Président
R. Mercelis
Ch. de Forest
R. Vanderschrick
Parvis de St.Gilles
R. de la Source
Champs Elysées
Pl.de Bethleheem
Ch. de Waterloo
R. de L'Hotel des Monnaies
R. de Bordeaux
Rue de Florence
Rue de l'Arbe Benit
R. de la Croix
R. de l'Eremitage
R. Th. Verhaegen
R. de la Victoire
R.d'Irlande
R. Saint-Bernard
Ch. de Charleroi
Rue Defacqz
R.P.E. Janson
Livourne
R. Lens
Barriere de St.-Gilles
R.d'Espagne
Av. du Parc
Horta
R. du Bailli
R.d. Chatelain
Rue Washington
R. Gachard
Place M. v. Meenen
R. de Savoie
Ch. de Waterloo
R. de L'Aqueduc
R. Africaine
R. Americaine
R. Ant. Breart
Ch.d.Alsemberg
Av. Ducpetiaux
Av. Albert
Albert
Av. de la Jonction
Ch. de Waterloo
Brüssel
0
500 m

In den Galeries St.-Hubert

schaftlichen Geschehens der Stadt auf. Mit den korinthischen Säulen, der mächtigen Kuppel und den allegorischen Darstellungen von Handel, Industrie und Seefahrt setzt der Tempel des Geldes einen wirkungsvollen Kontrapunkt zum barocken Marktplatz.

St. Nicolas / Sint Niklaaskerk 6

Bescheiden dagegen nimmt sich die Kirche St-Nicolas aus, die sich die Kaufleute an der Wende vom 11. zum 12. Jh. errichten ließen. Die Häuschen, die sich an die Kirchenmauer lehnen, verleihen dieser Ecke altertümliches Flair.

Rue des Bouchers / Beenhouwersstraat 7

Hinter dem Marktplatz wird es auch kulinarisch interessant. Seinen Beinamen »Bauch von Brüssel« verdankt das Viertel den zahlreichen Restaurants mit ihren farbenprächtigen Auslagen.

Die Galeries St-Hubert / Sint-Hubertus-Galerijen vereint die Galerie du Roi und die Galerie de la Reine. Europas erste überdachte Ladenstraße von 1846 beherbergt bis heute Cafés und elegante Geschäfte wie die Confiserie Neuhaus › S. 47.

*Cathédrale St-Michel / Sint-Michielskathedraal 8

Am Westhang der Oberstadt ragt die in Brabanter Gotik erbaute Kathedrale auf. Die mächtigen,

Aus der Stadtgeschichte

»Bruocsella«, die »Siedlung in den Sümpfen«, an der Handelsstraße Brügge–Köln gelegen und durch den Kanal von Willebroeck mit dem Seehafen Antwerpen verbunden, war schon im Mittelalter ein bedeutender Warenumschlagplatz. 1531 machte Karl V. es zur Hauptstadt der spanischen »Niederen Lande«. 1695 schoss die Armee Louis' XIV. von Frankreich bei ihren Eroberungsversuchen fast die gesamte Unterstadt in Schutt und Asche. Neue wirtschaftliche Bedeutung errang Brüssel nach der belgischen Revolution von 1830/31. Für das junge Königreich errichtete man repräsentative Bauten und restaurierte die Grand-Place. Die Weltausstellung von 1958 verhalf Brüssel zu internationaler Aufmerksamkeit. Im Jahr darauf richteten die EWG, heute EU, und die EURATOM, später auch die NATO hier ihren Sitz ein und machten aus Brüssel so die Verwaltungsmetropole Europas.

Karte Seite 43

69 m hohen Türme wurden nicht vollendet. Im Inneren schmücken lebensgroße Apostelfiguren und eine Barockkanzel von 1669 das Mittelschiff.

Palais du Roi / Koninklijk Paleis 9

In der Mitte des 19. Jhs. errichteten und später erweiterten Residenz kann man Sammlungen von Glas, Porzellan und Silber bestaunen. Nebenan dokumentiert das **Museum Belvue** die Geschichte des erst 1830 gegründeten Königreichs Belgien (Di–Fr 10–17, Sa, So 10–18 Uhr, www.belvue.be). Auch die unterirdischen Gänge des 1731 abgebrannten Ancien Palais, des alten Palastes, sind zugänglich (www.coudenberg.com).

2 **Mont des Arts / Kunstberg

Drei Museen präsentieren rund um die Place Royale ihre Schätze: In den beiden **Musées Royaux des Beaux Arts** 10 glänzt das Museum für Alte Kunst vor allem mit dem Brueghel-Saal, mit Gemälden von Rubens, Jordaens und Van Dyck und mit Skulpturen aus dem 19. Jh. Das Museum für Moderne Kunst zeigt während der Umbauarbeiten (voraussichtl. bis 2012) im Patio eine Auswahl aus seiner Sammlung belgischer Malerei und Skulptur des 20. Jhs. sowie Kunst der Gegenwart (tgl. 10–17 Uhr; www.fine-arts-museum.be).

Das benachbarte **Musée des Instruments de Musique (MIM)** 11 nutzt für seine **opulente Ausstellung von historischen und modernen Instrumenten** das frühere Jugendstilkaufhaus Old England (Di–Fr 9.30–17, Sa/So 10–17 Uhr; www.mim.be).

Der Kunstberg umfasst auch die **Bibliothèque Royale Albert Ier** mit rund 2 Mio. wertvollen Bänden (www.kbr.be). Im Zentrum der Place Royale/Koningsplein steht das Reiterstandbild Gottfrieds von Bouillon, des Führers des Ersten Kreuzzugs.

Palais de Justice / Justitiepaleis 12

Unübersehbar im Stadtbild ist der Justizpalast, der größter Monumentalbau des 19. Jhs.. Er wurde nach Plänen des Architekten Poelaert 1866–1883 auf einer Grundfläche von 25 000 m² errichtet. In der riesigen Halle kann man förmlich hören, wie die Mühlen der Gerechtigkeit mahlen (Mo–Fr 8–17 Uhr).

Petit und Grand Sablon

Steigt man zur **Place du Petit Sablon / Kleine Zavel** hinunter, erwartet einen ein **beschaulicher Park hinter schmiedeeisernen Gittern.** 48 Bronzestatuen stellen die Zunftmeister des 16. Jhs. dar, Ziegel- und Strohdachdecker, Stuhldrechsler, Goldschläger und Stockfischhändler sind vertreten.

Echt gut!

Genau gegenüber steht die an Kunstwerken reiche gotische Kirche **Notre-Dame-du-Sablon / Onze Lieve Vrouw op de Zavel** 13 aus dem 15. Jh. In einer der barocken Chorkapellen liegen Mitglieder der Adelsfamilie Thurn und Taxis begraben.

Schloss Beersel südlich von Brüssel

Am Wochenende lockt die von prachtvollen Gebäuden gesäumte **Place du Grand Sablon/Grote Zavel** mit einem großen Antiquitätenmarkt.

Die Marollen 14

Das ehemalige Arbeiterviertel unterhalb des Justizpalastes mit seinen steilen Treppen und winzigen Geschäften ist ein Paradies für Stöberer. Trödel- und Antiquitätenläden ergänzen den **täglichen Flohmarkt auf der Place du Jeu de Balles/Vossenplein.**

Außerhalb des Zentrums

*Atomium

Dieses Symbol für eine friedliche Nutzung der Kernenergie wurde 1958 im Norden Brüssels errichtet. In den neun Kugeln bietet es u.a. Kinderprogramme, Kunstausstellungen, eine Schau zur eigenen Geschichte und ein Panorama-Restaurant (tgl. 10–18 Uhr, www.atomium.be).

Brupark

Zu Füßen des Atomiums wartet ein kleiner Freizeitpark › S. 18. Er umfasst neben Mini-Europe das Erlebnisschwimmbad Oceade (tgl. 10–21 Uhr) und das Multiplexkino Kinépolis.

Zentralafrika-Museum

Eine exzeptionelle Masken- und Fetischsammlung ist der Stolz dieses Museums im südlichen Stadtteil Tervuren (Di–Fr 10–17, Sa, So bis 18 Uhr; Tram 44 ab Montgomeryplatz; www.africamuseum.be).

Hotels

Amigo
1, rue Amigo][Tel. 02/547 47 47
www.hotelamigo.com
Renoviertes Innenstadthotel mit stilvoll-modernen klimatisierten Zimmern. Das Restaurant »Bocconi« serviert gehobene italienische Küche. ●●●

Métropole
31, pl. de Brouckère
Tel. 02/217 23 00
www.metropolehotel.com
Edles Belle-Époque-Hotel nahe der Grand-Place mit Barockstil-Gourmetrestaurant »Alban Chambon«. ●●●

Monty Small Design Hotel
101, bd. Brand Whitlock
Tel. 02/734 56 36
www.monty-hotel.be
Schickes kleines **Boutiquehotel in guter Lage.** Manche Zimmer sind recht klein, die zur Straße eher laut. ●●–●●●

La Tasse d'Argent
48, rue du Congrès][Tel. 02/218 83 75
Kleines Familienhotel (8 Zimmer) in der Nähe des Bahnhofs, nicht weit von einem Park. ●–●●

Restaurants

■ **Comme chez soi**
23, pl. Rouppe][**Tel. 02/512 29 21**
Kulinarischer Klassiker mit regionalen Köstlichkeiten in schönstem Ambiente. So, Mo, Mi mittags geschl. ●●●

■ **Taverne du Passage**
30, Galerie de la Reine
Tel. 02/512 37 31
Traditionsreiches Restaurant im Art-déco-Stil mit deftiger Küche. ●●

■ **Brasserie au Roue d'Or**
26, rue des Chapeliers
Tel. 02/514 25 54
Für ihre traditionellen Fisch- und Muschelgerichte beliebte Brasserie, tgl. 12-0.30 Uhr, Juli geschl. ●–●●

Shopping

■ Seit 1912 kreiert die **Confiserie Neuhaus, Galerie de la Reine,** die besten Pralinen (www.neuhaus.be).

■ Gute Adressen für Antiquitäten sind **Senses Art Nouveau** (Jugendstil; **31, rue Lebeau**) und **Francis Janssens van der Maelen** (Silber; **23, rue Ernest Allard**).

Ausflüge in Brüssels Süden

Der lichte Buchenwald **Forêt de Soignes/Zonienwoud** am südlichen Stadtrand lockt mit 150 km Fuß- und Radwegen, etlichen Teichen und mehreren Kapellen.

In **Waterloo** unterlag Napoleon am 18. Juni 1815 der Koalition der europäischen Mächte. Der Löwenhügel bietet den besten Überblick. Im Panorama sind die Kombattanten lebensecht nachgebildet, im Besucherzentrum führt ein Film in die Ereignisse der Schlacht ein, die 50 000 Tote und Verletzte kostete. Nach Waterloo fahren täglich Ausflugsbusse (Infos dazu im Touristenbüro › S. 41). Es gibt Kombitickets für geführte Touren und die Museen (Champ de Bataille de Waterloo, 252, rue du Lion, Briane l'Alleud, Tel. 02/385 19 12, www.waterloo1815.be).

Schloss Beersel (14 Jh.) liegt auf einer Insel in der Senne, drei Ecktürme, Zugbrücke und Zinnen verleihen dem Wasserschloss einen wehrhaften Charakter. Beersel erreicht man mit der Bahn Richtung Halle.

Viel behaglicher wirkt dagegen **Schloss Gaasbeek**, dessen Räume mit allen Annehmlichkeiten des 19. Jhs. ausgestattet sind. Nach Gaasbeek verkehrt die Buslinie LK ab Gare du Midi.

Special

Handeln um jeden Preis

Im Land der angeblich hundert Flohmärkte besitzt der Handel mit Kitsch, Kunst und Trödel Kultstatus. Während der Kolonialzeit haben sich die belgischen Haushalte anscheinend reichlich mit allerlei exotischem Hausrat und dekorativem Krimskrams aus aller Welt eingedeckt, der in Kellern und Speichern über die Jahre Patina ansetzt hat. Als während der ersten Wirtschaftskrise Anfang der 1980er-Jahre das Geld knapp wurde, entrümpelten viele ihren Haushalt und machten ihre verstaubten Erbstücke erstmals auf Straßenmärkten zu Geld. Seitdem gehört der wöchentliche Antik- und Flohmarkt in vielen belgischen Städten zum Straßenbild.

Auf Schnäppchenjagd

Markttag in Belgien bedeutet in erster Linie Spaß am Feilschen, egal ob um Uromas Nähtisch, Blechspielzeug mit Sammlerwert, die gebrauchte Küchenmaschine oder um frisches Gemüse. Es ist die Lust am wortgewandten Spiel des Bietens und Unterbietens.

Aktuelle Termine bietet die Website www.belgien-tourismus.de/tourist/wallonie/antik-und-flohmaerkte.html.

Bücherdorf Redu

Das kleine Dorf Redu in den Ardennen ist alljährlich zweimal Treffpunkt für Bibliophile aus aller Welt. Über 200 Buchhändler und Verleger präsentieren dort ihr Angebot. Wichtige Termine sind das **Bücherfest** Mitte April und die **Nacht des Buchs** am ersten Samstag im August (Infos: Tourismusbüro, 63, pl. de l'Esro, 6890 Redu, Tel. 061/65 66 99, www.redu-villagedulivre.be).

Flohmärkte

- **Brüssel:** tgl. 7–14 Uhr an der Place du Jeu de Balle (Vossenplein) in den Marollen, an den Wochenenden überlaufen
- **Brügge:** dreimal jährlich Flanderns größter Floh- und Antikmarkt »Zaandfesten« am 't Zand (Infos: Tel. 050/34 17 36); zudem von März bis Nov. jedes Wochenende Flohmarkt am Dijver
- **Tongeren:** jeden Sonntag vom Morgengrauen bis 13 Uhr entlang der Stadtmauer
- **Antwerpen:** Samstag 9–17 Uhr Antiquitätenmarkt am Lijnwaadmarkt, Sonntag bis 13 Uhr Trödelmarkt in der Altstadt rund um das Theater
- **Gent:** Jedes Wochenende von 7 bis 13 Uhr am Sint-Jacobs- und Beverhoutplein.

Lebensmittel

Belgien trüge seinen Ruf als Land der Genießer zu Unrecht, wenn nicht auch überall kulinarische Spezialitäten feilgeboten würden. Ob Käse oder Krabben, Pralinen oder Wurstwaren – festlich aufgezogene Märkte mit der Möglichkeit zu probieren gibt es das ganze Jahr über in allen Landesteilen. Aber auch die ganz normalen Wochenmärkte sind einen Besuch wert. Weithin berühmt ist etwa der große Lebensmittelmarkt in Liège › S. 56, der am Wochenende von wahren Heerscharen besucht wird.

- **Wochenmarkt,** am Gare du Midi in Brüssel, So 7–13 Uhr, u.a. afrikanische und asiatische Lebensmittel und Gewürze
- **Vistrap**, Visserskaai, Oostende, tgl ab 7 Uhr frischer Fisch, Garnelen, Schnecken und Muscheln
- **Schokoladen- und Ostermarkt**, Anfang April in Durbuy, www. durbuyinfo.be
- **Käsefest**, Mitte August im Schloss von Herzé, www.fetedu fromage.be

Weihnachtsmärkte

Zuckerguss und Glitzerschnee, Feuerwerk und Rauschgoldengel halten im Advent natürlich auch in den belgischen Städten Einzug.

- **Brüssel:** Besonders malerisch ist der Europäische Weihnachtsmarkt auf der Grand-Place.
- **Lier:** Im Beginenhof lockt der Budenzauber in der Adventszeit zahlreiche Besucher an.
- **Brügge:** Romantisch sind die Märkte am Simon Stevinplein und am Marktplatz beim Belfried.
- **Gent:** Abendlicher Chorgesang empfängt die Besucher des Genter Weihnachtsmarktes auf dem Sint-Baafsplein.
- **Antwerpen:** Leckereien aus ganz Europa werden vor der Liebfrauenkathedrale feilgeboten.

Die Ardennen

Nicht verpassen!

- Einen Besuch der riesigen Tropfsteinhöhle von Han
- Ein Glas Bier und ein Stück Käse in der Brasserie der Abbaye d'Orval
- Erlebte Geschichte in der Burg von Gottfried von Bouillon
- Eine erfrischende Kajaktour auf der Ourthe
- Den herrlichen Blick von der Zitadelle von Dinant über das Maastal
- Einen Bummel durch das malerische Durbuy, die kleinste Stadt Belgiens

Zur Orientierung

Tief durchschneiden Flusstäler das flachwellige Hochland der Ardennen. Felsen, Wälder und kahle Hochflächen bestimmen das Bild. Im Norden liegt das Hochmoor Hohes Venn mit Heideflächen, Moortümpeln und Buschwäldern. Sein höchster Punkt ist der Signal de Botrange mit stolzen 694 m.

Im Westen bildet die Maas die Grenze. Dieser große europäische Fluss spielte für den Handel stets eine wichtige Rolle. Im Süden, nahe der französischen Grenze, fließt sie in einem malerischen Tal mit teils steilen Hängen. Bei Namur macht sie einen Knick nach Osten und entwickelt sich zur Wasserstraße mit Containerkähnen, die Industriegüter nach Liège befördern. Die alte Arbeiterstadt bietet herausragende Kunstschätze und viel urbanes Leben.

Zwischen dem Maastal und der Grenze zu Luxemburg liegt das Kernland der Ardennen, eine kleinteilige Landschaft, deren zahlreiche Wasserläufe in unzähligen Windungen der Maas zustreben und in den Hohlräumen des Gesteins bizarre Tropfsteinhöhlen entstehen ließen.

Den kleinen Städtchen mit ihren typischen dunklen Bruchsteinhäusern sieht man kaum an, dass sie fast alle nach dem Zweiten Weltkrieg wieder aufgebaut werden mussten – die berüchtigte Ardennenoffensive 1944 hatte ein zerstörtes Land hinterlassen.

Wandern, radeln, baden, Kajak fahren, klettern – die Ardennen sind ideal für den Familienurlaub oder ein verlängertes Wochenende. Sie bieten auch kulinarisch einiges: Den Wildreichtum der Region wussten schon die Römer zu schätzen.

Blick auf Dinant an der Maas

Touren in der Region

Wanderung im Hohen Venn

(6) Baraque Michel › Fagne Wallone › Baraque Michel › Kreuz der Verlobten › Fagne de Polleur › Signal de Botrange

Dauer: 2 Tage

Praktische Hinweise: Anreise mit dem Auto. Über das Hohe Venn, Schutzzonen und geführte Touren informiert das Naturparkzentrum Botrange, 131, route de Botrange, 4950 Robertville, Tel. 080/44 03 00, www.botrange.be.

Die schwermütige Moorlandschaft des Hohen Venn bietet sich für ein Wanderwochenende an, am besten im Frühherbst, wenn das Pfeifengras rostrot leuchtet.

Für den ersten Tag könnte man sich eine Umrundung des **Fagne**

Bruxelles/Brüssel
Hasselt
Hannut
Liège
1
Seraing
Eghezée
Bruxelles/Brüssel
A4
N80
A15
Jehay
7
N90
Amay
22
Charleroi
Meuse
Huy
21
Soheit-Tinlot
Sougné-Remouchamps
6
Namur
20
N90
7
Hamoir
Ourthe
A4
Ohey
Ferrières
N92
Meuse
N63
Ocquier
N97
Durbuy
7
Annevoie-Rouillon
N4
Emptinne
7
Maredsous
19
Spontin
Ciney
Noiseux
Purnode
Foy-Notre-Dame
Hotton
Grotte de Merveilleuse
18
Dinant
Leignon
Marche-en-Famenne
Grotte de Hotton
Ourthe
N97
Celles
Freyr
17
Furfooz
Vêves
16
Hastière-par-delà
8
La-Roche-en-Ardenne
8
Rochefort
14
Masnil-St-Blaise
Lesse
Grotte de Han
15
Nisramont
Givet
P.N. de Lesse et Lomme
Han-sur-Lesse
Forêt
de
Freyr
Wellin
Bois de St. Hubert
N89
N4
Saint-Hubert
13
N95
Redu-sur-Lesse
Transinne
Euro Space Center
Our
Maissin
A26
A4
Monthermé
A
R
D
E
N
N
E
N
Neufchâteau
Sûre
N89
Botassart
Bouillon
12
Semois
FRANKREICH
Forêt de Neufchâteau
A4
Reims
203
Sedan
Florenville
N83
Etalle
Die Ardennen
0
10 km
N
Abbaye d'Orval
11

Karte Seite 52

Wallone vornehmen. Der Weg führt zunächst entlang der Hill, biegt dann rechts ab Richtung Botrange und folgt nach einiger Zeit einer schnurgeraden Schneise, die wieder Richtung Straße führt. Am westlichen Rand der Schutzzone geht es wieder zurück zur **Baraque Michel,** einer traditionsreichen Herberge, die schon seit 1826 Wanderern Schutz und Stärkung bietet (36, Baraque Michel, 4845 Jalhay, Tel. 080/44 48 01, www.baraquemichel.de, ●●).

Wer damit – die Wanderung dauert knapp 4 Stunden – nicht ausgelastet ist, kann sich im Besucherzentrum über die einzigartige Geologie, Flora und Fauna des Hohen Venn informieren oder eine geführte Tour durch die für die Öffentlichkeit gesperrte Schutzzone C buchen.

Ziel des nächsten Tages ist das **»Kreuz der Verlobten«**, von dem aus der Weg in großem Bogen durch das moorige Polleur-Venn (Fagne de Polleur) zum **Signal de Botrange,** dem höchsten Punkt

(6)

Wanderung im Hohen Venn **Baraque Michel › Fagne Wallone › Baraque Michel › Kreuz der Verlobten › Fagne de Polleur › Signal de Botrange**

(7)

Im Tal der Maas **Liège › Jehay › Huy › Namur › Dinant › Grottes de Merveilleuse › Vêves › Freÿr**

(8)

Kajaktour auf der Ourthe **La-Roche-en-Ardenne › Nisramont › La-Roche-en-Ardenne**

Belgiens, führt. Am Rand der Zone C geht es anschließend auf federnden Plankenwegen wieder zurück zur Baraque Michel.

Im Tal der Maas

7 Liège › Jehay › Huy › Namur › Dinant › Grottes de Merveilleuse › Château de Vêves › Château de Freÿr

Dauer: 2 Tage
Praktische Hinweise: Diese Tour lässt sich am besten mit dem Pkw durchführen.

Eine Fahrt entlang der Maas zeigt den attraktivsten Teil der Wallonie. Die ersten Kilometer nach ****Liège** › S. 55 führen vor Augen, dass hier seit Jahrhunderten Eisen- und Stahlverarbeitung zu Hause sind. Schon bei Amay jedoch führt eine Straße zu einem der schönsten Wasserschlösser des Landes: **Jehay** › S. 68. Bei ***Huy** › S. 68 wird die Maas schmaler, ihre Ufer steiler, von der Zitadelle kann man einen ersten Blick über die Flusslandschaft werfen. Mächtig ist die Festung, die über ***Namur** › S. 67 thront. ****Dinant** › S. 65 bleibt vor allem wegen seines charakteristischen Kirchturms in Erinnerung. Danach wälzt sich die Maas in weiten Schlingen durch die Provinz Namur. Hier locken die Grottes de Merveilleuse mit einer Märchenwelt aus Tropfsteinen unter die Erde. Nicht entgehen lassen darf man sich ***Vêves** › S. 65, die stattliche Burg auf dem schroffen Felsvorsprung in Celles, und **Schloss Freÿr** › S. 65, wo ungebändigte Natur mit strengen Rabatten konkurriert.

Kajaktour auf der Ourthe

8 La-Roche-en-Ardenne › Nisramont › La-Roche-en-Ardenne

Dauer: 1 Tag
Praktische Hinweise: Per Auto nach La-Roche-en-Ardenne, Bustransfer zum Einsetzpunkt der Kajaks. Wasserfeste Behälter und Schwimmwesten können ausgeliehen werden. Kajakfahrten bucht man über Ardenne Aventures, 35, rue de l'Église, 6980 La-Roche-en-Ardenne, Tel. 084/41 19 00, www.ardenne-aventures.be.

Luftlinie beträgt die Strecke auf der Ourthe nur etwa 5 km, doch mit dem Kajak ist man bis zu 6 Stunden unterwegs: Die Ourthe schlängelt sich in verwegenen Schleifen durch den harten Ardennenschiefer, vorbei am Aussichtsplatz **Les six Ourthes** hoch oben am Steilufer, von dem aus man sechs Schleifen des Flusses sehen kann, und vorbei am markanten Felsen **Le Herou.**

Wichtige Adressen

- **Fédération du tourisme de la Province de Namur** › S. 139
- **Fédération du tourisme de la Province de Liège** › S. 139

Unterwegs in den Ardennen

**Liège 1

Hat man den Ring aus Stahlwerken und Industrievierteln einmal hinter sich gelassen, erweist sich Liège (Lüttich, fläm. Luik; 187 000 Einw.) als angenehm und lässig und – Überraschung! – als bemerkenswerte Kunststadt: Kirchen, Museen und Bauwerke zeugen von Jahrhunderten klerikaler Macht, langem wirtschaftlichem Wohlstand und regem Kulturaustausch. Nun bereitet sich Liège auf die Rolle als Gastgeber der Expo 2017 vor.

Die Place St-Lambert

Blickfang hier ist der **Palais des Princes-Evêques** Ⓐ, der Fürstbischöfliche Palast (1526–1538). Tatsächlich ist Lüttich bereits seit 721 Bischofssitz. Um die erste Jahrtausendwende ließ Fürstbischof Notger die Kathedrale und einen Bischofspalast errichten. Hinter der neugotischen Fassade des heutigen Baus verbergen sich zwei mit Arkaden geschmückte Innenhöfe der Frührenaissance.

Etwas südlich des Palastes zeigt das hochmoderne **Archéoforum** Ausgrabungen der letzten hundert Jahre, die die lange Stadtgeschichte offenlegen (Di–Fr 9–17, Sa, So, Fei 10–17 Uhr).

Place du Marché Ⓑ

Die Nachbildung des mittelalterlichen Gerichtspfahls (Le Perron) auf dem Brunnen (1697) des Marktplatzes gilt als das Symbol städtischer Freiheit und stadteigener Gerichtsbarkeit. Hier steht auch das **Hôtel de Ville,** das Rathaus, mit seinem wappengeschmückten Giebel (1714).

Auf einer Bronzeplatte entdeckt man den Namen Maigret: ein in den 1930er-Jahren stadtbekannter Polizist, der als Held der Kriminalromane des in Lüttich geborenen Autors Georges Simenon (1903–89) unsterblich wurde. Das

Aus der Stadtgeschichte

Kohlevorkommen und Waffenschmieden sorgten bereits im 16. Jh. für den wirtschaftlichen Aufschwung von Liège. Als Ausgangspunkt der Industriellen Revolution auf dem Kontinent entwickelte sich die Stadt im 18. und 19. Jh. zum Industriezentrum und war aufgrund ihrer Rüstungsbetriebe in den Weltkriegen heiß umkämpft. Nach dem Niedergang der Schwerindustrie hat sich Liège als Eisen- und Autobahnknotenpunkt sowie mit dem Frachtflughafen Bierset und dem drittgrößten Binnenhafen der Welt zum wichtigen Warenumschlagsplatz entwickelt. Mit dem Aufsehen erregenden neuen Bahnhof des spanischen Architekten Santiago Calatrava wird die Stadt auch architektonisch im 21. Jh. andocken.

Touristenbüro › S. 58 bietet einen Rundgang auf dessen Spuren.

Shopping

Echt gut!

Lebendig wird es am **Kaiabschnitt La Batte** **beim größten Sonntagsmarkt Belgiens.** An unzähligen Ständen wird um Kitsch und Krempel, Autozubehör, Lebensmittel und Blumen gefeilscht.

Museen am Quai

Erstes Resultat der kulturellen Großbaustelle am Quai de Maestricht ist das **Museé d l'Art Wallon** Ⓒ für Wallonische Kunst, das Gemälde und Skulpturen heimischer Künstler sammelt, darunter auch Werke von René Magritte (Di–Sa 11–18, So 11–16 Uhr).

Liège (Lüttich)

- Ⓐ Palais des Princes-Evêques
- Ⓑ Place du Marché
- Ⓒ Musée de l'Art Wallon
- Ⓓ Musée d'Ansembourg
- Ⓔ St.-Barthélémy
- Ⓕ Zitadelle
- Ⓖ Minoritenkloster
- Ⓗ St-Jean
- Ⓘ St.-Paul

Das herrschaftliche Haus wurde 1740 für den Bankier Ansembourg erbaut. Seine mit Delfter Kacheln, Stuckdecken und Wandbehängen dekorierten Räume spiegeln als **Musée d'Ansembourg** D die großbürgerliche Wohnkultur gut wider (Féronstrée 114; Di–Sa 13–18, So 10–16.30 Uhr).

Seit Frühjahr 2009 erstrahlt das benachbarte archäologische und ägyptologische **Musée Curtius** mit seiner Glas- und Waffensammlung sowie einer Ausstellung religiöser Kunst in neuem Glanz (13b, quai de Maestricht, tgl. außer Di 10–18 Uhr, www.grandcurtiusliege.be).

St.-Barthélémy E und Altstadtgassen

In dem romanischen Kirchenbau mit den beiden Türmen hat das berühmteste Kunstwerk von Liège seinen Platz: ein **romanisches **Taufbecken, 1107–1110 vom Goldschmied Renier de Huy** in Messingguss geschaffen.

An der Rue des Brasseurs überrascht ein postmodern gestalteter Innenhof des Lièger Architekten Charles Vandenhove. Von der Straße En Hors Château verlaufen mehrere schmale Sackgassen in das ehemalige Rotlichtviertel, dessen uralte Fachwerkhäuser durch eine Privatinitiative erhalten und liebevoll restauriert werden konnten.

Zitadelle F

Die Treppenstraße Montagne de Bueren endet vor dem Parc de la Citadelle, der die ehemalige Festung, heute ein Krankenhaus, umgibt. Die im Jahr 1891 fertig gestellte und in beiden Weltkriegen stark beschädigte Anlage bietet eine **hervorragende Aussicht auf Liège und das Maastal.**

Minoritenkloster G

Die vorbildlich restaurierte Anlage mit ihrem durch Arkaden vom Innenhof getrennten Kreuzgang wurden im 17. Jh. im maasländischen Renaissancestil errichtet. Hier ist die vielfältige Sammlung des **Musée de la Vie Wallonne**, des Wallonischen Heimatmuseums, untergebracht (tgl. außer Mo 9.30–18 Uhr).

St-Jean H

Die unter Bischof Notger um 980 nach dem Vorbild der Aachener Pfalzkapelle auf achteckigem Grundriss erbaute Johanniskirche wurde 1754–1757 vollständig erneuert. Ein Madonnenbild und eine Kreuzigungsgruppe (13. Jh.) sind die kostbarsten Kunstwerke. Der Turm mit einem Glockenspiel stammt aus dem 12. Jh.

Das Taufbecken in St.-Barthélémy

**St.-Paul 1

Nach dem Abriss der alten Bischofskirche Lüttichs wurde die im 14./15. Jh. gotisch umgebaute weiträumige frühere Stiftskirche aus dem 10. Jh. zur Kathedrale erhoben. Zum **Kirchenschatz gehört eine vergoldete Reliquienbüste des hl. Lambert** – sie ist ein Sühnegeschenk Karls des Kühnen an jene Stadt, die er zuvor zerstören ließ.

Echt gut!

Info

Office de Tourisme
92, Féronstrée][4000 Liège
Tel. 04/221 92 21][www.liege.be
Das Verkehrsamt bietet thematische Stadtführungen auf Deutsch an.

Hotels

Bedford
36, quai St-Léonard
Tel. 04/228 81 11
www.bedfordhotelliege.com
In Flughafennähe, mit 149 klimatisierten Zimmern und großem Garten; Restaurant im Gewölbekeller eines ehemaligen Klosters (17. Jh). ●●●

La Passerelle
24, chaussée des Près
Tel. 04/341 20 20
passerellehotel@skynet.be
Schlichtes kleines Hotel in einem typischen Stadthaus am östlichen Maas-Ufer im Stadtteil Outre-Meuse. ●●

Restaurants

Bolas Bug
33, place du Marché
Tel. 04/222 42 60
Café-Restaurant mit einfacher mediterraner Küche, Weinen und Cocktails. Tgl. 8.30–0 Uhr. ●–●●

L'Oeuf au Plat
30, quai de la Batte
Tel. 04/222 40 32
Eierspeisen in allen erdenklichen Varianten. Di und So abends geschl. ●

Eupen 2

Die Kreis- und Industriestadt (18 000 Einw.) ist Verwaltungssitz der deutschsprachigen Bevölkerungsgruppe Belgiens. Im 17. und 18. Jh. entwickelte sich in Eupen eine erfolgreiche Tuchmanufaktur. Sie brachte der Stadt den Wohlstand, der sich noch heute an den Patrizierhäusern ablesen lässt. Außer ihnen hat nur die Kirche **St.-Nicolas** mit ihren schönen Barockaltären die Bombardements während der beiden Weltkriege überstanden.

Info

Tourist Information
Marktplatz 7][4700 Eupen
Tel. 087/55 34 50
www.eupen-info.be

Naturpark Hohes Venn

Eupen und Malmedy liegen am Rande des Deutsch-Belgischen Naturparks. Die seltene Flora und Fauna des Hohen Venn/Hautes Fagnes innerhalb des 2400 km² großen Gebiets sind streng geschützt und daher sind nicht immer alle Parkteile zugänglich. Informationen dazu erhält man im Naturparkzentrum Botrange › S. 51 oder unter www.naturpark-hohesvenn-eifel.de.

Malmedy 3

Inmitten der Hügel der Ardennen liegt dieser malerische Ferienort (11 500 Einw.) am Ufer der Warche, einst Zentrum der Papier- und Lederindustrie und in beiden Weltkriegen schwer zerstört. Hier ist vor allem die barocke **Kathedrale** (18. Jh.) einen Besuch wert. Von dort führt ein Kreuzweg über 13 Stationen auf den Kalvarienberg mit einer den Heiligen Agathe und Apollonia geweihten Kapelle. Etwas unterhalb befindet sich ein Aussichtspunkt mit wunderbarem Blick auf Malmedy.

Die barocke Kirche St.-Nicolas von Mefferdatis (1724–1729) in Eupen

Info

Haus des Tourismus
29, place Albert 1er][4960 Malmedy
Tel. 080/33 02 50
www.eastbelgium.com

Hotels

Maison Geron
4, route de la Ferme Libert
Tel. 080/33 00 06][www.geron.be
Hübsches herrschaftliches Haus, 3 km außerhalb. Mit großer Terrasse in einem Park am Rande des Hohen Venn. ●●

Restaurant

Ferme Libert
Bévercé-Village Nr. 26
Tel. 080/33 02 47
Schönes Landgasthaus mit guter Küche, die auf Wild spezialisiert ist. Tgl. 12–14, 18.30–20.30 Uhr. ●●

Wo die Belgier Deutsch sprechen

Über hundert Jahre lang waren das Gebiet um Eupen, Malmédy und St. Vith ein Zankapfel der europäischen Großmächte. Der Wiener Kongress sprach das Gebiet 1815 Preußen zu, im Versailler Vertrag nach dem Ersten Weltkrieg fiel es an Belgien, nach dem Einmarsch der deutschen Wehrmacht 1940 wurde es gleich dem Deutschen Reich einverleibt. Heute ist die Zugehörigkeit der Ostkantone zum Königreich Belgien kein Diskussionsstoff mehr. Aus den Sprachstreitigkeiten halten sich die deutschsprachigen Belgier heraus und genießen in Fragen der Kultur-, Schul- und Gesundheitspolitik weitgehende Autonomie.

Stavelot 4

Das malerische Städtchen ist eine Karnevalshochburg und die Heimat der »Blancs Moussis«, skurriler Gestalten in weißen Kapuzenmänteln, die sich am 3. Sonntag vor Ostern zu einer ausgelassenen Parade versammeln. Die altehrwürdige **Abbaye de Stavelot** aus dem 16. Jh. beherbergt den Kirchenschatz von St.-Sébastian (18. Jh.) mit dem prächtig verzierten Reliquienschrein des hl. Remaclus (13. Jh.) sowie drei verschiedene Museen (32, place Saint Remacle, tgl. 10–18 Uhr, www.abbayedestavelot.be).

Echt gut!

Motorsportfreunde tauchen im **Musée du Circuit de Spa-Francorchamps** in die Welt der nahen legendären Rennstrecke ein. In den Gewölben der Abtei Stavelot sind PS-starke Rennmotorräder und -boliden zu bestaunen (tgl. 10–18 Uhr; Renntermine unter www.spa-francorchamps.be).

Spa 5

Die Kurstadt (10 500 Einw.) lebt vom guten Ruf ihrer Mineralquellen. Von einstiger Pracht und adeligen Gästen zeugen die Bauten aus dem 19. Jh., v.a. der Kursaal samt Kasino. Moderne Erholungseinrichtungen bieten Bäder und Wellnessbereiche des Kurhauses (www.thermesdespa.com).

Info

Office du Tourisme
41, place Royale][4900 Spa
Tel. 087/79 53 53][www.spa-info.be

Hotels

- **La Heid des Pairs**
143, av. Prof. Henrijean
Tel. 087/77 43 46][www.laheid.be
Ardennen-Landvilla (8 Zimmer) aus dem 19. Jh. in großem Park; mit schönem Kaminzimmer und Pool. ●●–●●●

- **Le Relais**
22, place du Monument
Tel. 087/77 11 08
www.hotelrelais-spa.be
Kleines Hotel (11 schlichte Zimmer) in altem, renoviertem Stadthaus, am Kurzentrum gelegen. Nichtraucher-Restaurant mit regionalen Gerichten. ●●

Restaurant

L'Auberge
3-4, place du Monument
Tel. 087/77 48 33
Elegant, raffinierte französische Küche. Tgl. 12–14.30, 18.30–22 Uhr. ●●

Sougné-Remouchamps 6

Der Ferienort (8500 Einw.) im Tal der Amblève besitzt eine spektakuläre ***Tropfsteinhöhle**, die vor 8000 Jahren von Jägern bewohnt war. Der Abstieg zum unterirdischen Fluss Rubicon führt unter theatralisch angestrahlten Stalaktiten hindurch, Rückfahrt per Boot (Feb.–Nov. tgl. 10–17.30 Uhr, Dez., Jan. Sa, So 10–16 Uhr).

**Durbuy 7

Der **malerische Ort Durbuy (400 Einw.) an einer Schleife der Ourthe** erfreut im Sommer mit sehr farbenfroher Blumenpracht.

Karte Seite 52

Schon seit dem 10. Jh. ist hier eine Festung belegt; 1331 wurden dem Ort, der ein einflussreiches Handelszentrum war, die Stadtrechte verliehen. Die Reste der Verteidigungsanlagen, die Häuser aus dem 17. und 18. Jh. sowie das Schloss (17. Jh.) mit seinem Jagdmuseum sind sehenswert.

Beim **Flusskrebsfestival von Mitte Juni bis Mitte Juli** werden die feinen Flusskrebse aus der Ourthe serviert.

Info

Syndicat d'Initiative Durbuy
25, place aux Foires][6940 Durbuy
Tel. 086/21 24 28
www.durbuyinfo.be

La-Roche-en-Ardenne 8

Der Ort (4200 Einw.), ein Zentrum des Tourismus in den Ardennen, duckt sich an einer Flussschleife der Ourthe malerisch unter die Ruine **seiner gewaltigen Burg** (Zugang über eine Treppe gegenüber dem Rathaus; Juli, Aug. 10–18.30, April–Juni, Sept.–Okt. 11–17, sonst Mo–Fr 13–16 Uhr).

Die Aussichtspunkte Le Hérou und Belvédère de six Ourthes erlauben den weiten Blick in das gewundene Tal der Ourthe.

Etwas weiter nördlich lockt nicht weit von Hotton eine der vielen Tropfsteinhöhlen der Ardennen, die märchenhafte **Grotte des Mille et Une Nuits, »Grotte aus 1001 Nacht«** (April–Okt. tgl. 10–16, Juli/Aug. 10–17, Nov.–März Sa, So 12.30, 14 und 15.30 Uhr, www.grottesdehotton.com).

Info

Syndicat d'Initiative de La Roche-en-Ardenne
15, place du Marché
6980 La Roche-en-Ardenne
Tel. 084/36 77 36
www.la-roche-tourisme.com

Die Festung wacht über die alten Gassen von La-Roche-en-Ardenne

Hotels

Linchet
11, route de Houffalize
Tel. 084/41 13 27
www.hostellerie-linchet.be
Familiäres Hotel in einer modernen Villa im Ourthe-Tal; Zimmer zum Fluss. Gutes Restaurant. ●●●

La Claire Fontaine
64, rue Vecpré (Route de Hotton)
Tel. 084/41 24 70
www.clairefontaine.be
Modernes Haus mit 28 hübschen Zimmern und Garten am Flussufer. ●●

Restaurant

Du Midi
6, rue Beausaint][Tel. 084/41 11 38
Hotelrestaurant mit feinster Regionalküche, vor allem Wildspezialitäten. Tgl. 12–14.30, 18.30–22 Uhr. ●●

Bastogne 9

Die Wehranlage der kleinen Stadt (14 000 Einw.) unweit der Grenze zu Luxemburg ließ Louis XIV. 1688 bis auf die **Porte de Trèves** schleifen. 1944 war der Ort für die US-Truppen ein strategisch wichtiger Punkt ihrer Ardennenoffensive. Auf dem Hügel **La Mardasson** liegt die Gedenkstätte für 77 000 gefallene US-Soldaten. Seit April 2011 wird ein neues Dokumentationszentrum über den Zweiten Weltkrieg gebaut (www.bastognehistoricalcenter.be).

Arlon 10

Die alte Hauptstadt (26 000 Einw.) der Provinz Luxemburg liegt auf einem Hügel über der Quelle der Semois. Kelten, Römer und Merowinger hinterließen hier ihre Spuren. Die **Sammlungen des Musée Luxembourg** spiegeln die Kultur dieser Völker wider (13, rue des Martyrs, Di–Sa 9–12, 13–17.30, Ostern–Mitte Sept. auch So 13.30–17.30 Uhr, www.ial.be).

Zu den Sehenswürdigkeiten zählen der **römische Turm** an der Grand-Place mit einem Neptunrelief (Zugang über eine Metalltreppe) und die **Ruinen der römischen Thermen** (4. Jh.) beim alten Friedhof. Hier sind die Reste der ältesten christlichen Kirche Belgiens aus dem 5. Jh. zu sehen.

4 **Abbaye d'Orval 11

Seit der Gründung im 12. Jh. entwickelte sich Orval zu einem der berühmtesten Zisterzienserklöster des Landes. Während der Französischen Revolution wurde es ausgeraubt und in Brand gesteckt. Doch auch die **Ruinen der Liebfrauenkirche**, des Kreuzgangs und des Kapitelsaals sind imposant (tgl. Juni–Sept. 9.30–18.30, Okt./März–Mai 9.30–18, Nov. bis Febr. 10.30–17.30 Uhr; www.orval.be). Auch heute leben noch Mönche in Orval, sie produzieren Käse und brauen ein weithin bekanntes bitteres Bier.

**Bouillon 12

In einer Flussschleife der Semois liegt im Schatten der **mächtigen **Burg von Bouillon** das gleich-

Karte Seite 52

namige Städtchen (5500 Einw.). Bauherr der Festung war Gottfried von Bouillon (1061–1100). Unter seiner Führung nahm ein Kreuzritterheer 1099 Jerusalem ein. An dem im Boden eingelassenen Kreuz auf der Burg legten die Kreuzfahrer ihr Gelöbnis ab. Bis heute gilt die Burg als ein besonders eindrucksvolles Beispiel mittelalterlichen Festungsbaus (Juli, Aug. tgl. 10–18.30, April–Juni, Sept. tgl. 10–18, Sa, So bis 18.30, Okt., März 10–17, Sa, So bis 18, Nov. tgl. 10–17, Sa, So bis 18, Dez.–Febr. Mo–Fr ab 13 Sa, So 10–17 Uhr). Ein »**Greifvogelballett**« stellt eine zusätzliche Attraktion dar (März–Mitte Nov. tgl. 11.30, 14 und 15.30 Uhr).

Den besten Blick über Festung und Stadt hat man von der **Tour d'Autriche**. Das **Musée Ducal** (Herzogliches Museum) neben der Festung informiert über die Geschichte von Burg und Stadt (Ostern–Sept. 10–18, Okt.–Mitte Nov. tgl. 10–17 Uhr).

Info

Syndicat d'Initiative
Chateau-Fort][6830 Bouillon
Tel. 061/46 62 57
www.bouillon-initiative.be

Hotel

Hôtel de la Poste
1, pl. St.-Arnould][Tel. 061/46 51 51
www.hotelposte.be
Das Vier-Sterne-Hotel (66 Zimmer) in einem Gebäude von 1730 liegt direkt am Fluss mit Blick auf die Lütticher Brücke. Hier logierten einst Emile Zola und Kaiser Napoléon III. ●–●●

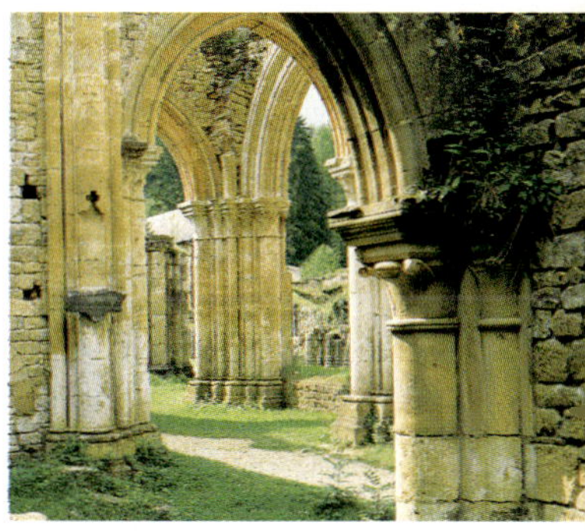

Die Ruinen der Abbaye d'Orval

Saint-Hubert 13

Inmitten ausgedehnter Wälder liegt Saint-Hubert (5700 Einw.). Der Legende nach soll Hubert, später Bischof von Liège, am Karfreitag des Jahres 683 ein Prachtexemplar von einem Hirschen gejagt haben. Als er auf das Tier anlegte, erstrahlte im Geweih ein Kreuz. Eine Stimme forderte Hubert auf, seine Jagdleidenschaft aufzugeben und sein Leben der Verbreitung des Christentums zu widmen. Er gehorchte.

Die spätgotische **Hubertuskirche** wurde im 16. Jh. über romanischen Fundamenten als fünfschiffige Kirche mit Chorumgang errichtet. Im September wird hier das Hubertusfest gefeiert, und am 3. November findet neben der **feierlichen Sankt-Hubertus-Prozession** ein großer Markt statt.

Info

Maison du Tourisme
12, rue Saint-Gilles
6870 Saint-Hubert][Tel. 061/61 30 10
www.saint-hubert-tourisme.be

Schloss im Wald: Château de Celles

Restaurant

Le Basilic

8, pl. de l'Abbaye][Tel. 061/50 48 58
Das in warmen Tönen gehaltene Lokal im Ortskern bietet gehobene französische Küche. Reservierung erbeten. Mo, Mi abends geschl. ●●–●●●

Tagesausflug

Dieser Tagesausflug von Saint-Hubert aus spricht alle Altersgruppen an. Zuerst geht es nach **Libramont-Chevigny,** wo das Keltenmuseum allerhand über die einstigen Bewohner der Ardennen und ihr ausgeprägtes Techniknerständnis vermittelt – sie erfanden u.a. die Seife, das Sieb und das Kettenhemd (Pl. Communale, Juli, Aug. Mo–Sa 9.30–17, So, Fei 14–18, sonst Di–Fr 9.30–17, So, Fei 14–18 Uhr, www.museedesceltes.be). Dann geht es in die Zukunft: In **Transinne** entführt das Euro Space Center in die Raumfahrt mit dem originalgetreuen Nachbau einer Raumfähre und einer Ariane-Rakete sowie dem Kino, das einen Weltraumflug simuliert. Für Kinder gibt es einwöchige Astronautencamps (direkt an der Autobahn, Juli, Aug. tgl. 10–17, Mitte April–Juni, Sept. bis Anfang Nov. Di–So 10–16 Uhr, www.eurospacecenter.be).

In den fast 40 Buchhandlungen und Antiquariaten von **Redu** › S. 48 sind Leseratten willkommen. Besonders hübsch ist das »Artikel 31« (14, rue St. Hubert) mit einem eigenen Café im Schatten der Dorfkirche.

Rochefort 14

Am Rand des Nationalparks Lesse und Lomme zwischen den gleichnamigen Flüssen liegt dieser hübsche Urlaubs- und Ausflugsort (12 000 Einw.). Bierkennern ist er durch das in der Abtei St-Remy gebraute Trappistenbier der Marke »Rochefort« vertraut. Die Tropfsteinhöhlen **Grottes de Rochefort** beeindrucken mit der gewaltigen »Salle du Sabbat«.

**Grotte von Han 15

In der **10 km langen Tropfsteinhöhle von Han-sur-Lesse** suchten Menschen bereits in der Jungsteinzeit Schutz. Fundstücke von der Merowingerzeit bis heute stellt das **Musée du Monde Souterrain**

Karte Seite 52

aus. Höhepunkt der ca. 2-stündigen Besichtigungstour ist der 129 m hohe Kuppelsaal **Salle du Dôme** mit einer abschließenden Bootsfahrt auf der Lesse (Zugang zur Höhle mit der Elektrobahn im Ortszentrum; Grotte: April–Okt. tgl. ab 10 Uhr mehrere Touren, www.grotte-de-han.be).

Info

Office de Tourisme
5, rue de Behogne][5580 Rochefort
Tel. 084/34 51 72][www.valdelesse.be

*Château de Celles 16

Hoch über dichtem Wald ragt auf einem Plateau das sog. Schloss Vêves auf, ein Musterbeispiel für die Festungsarchitektur des 15. Jhs. (April–Okt. Di–Do und Sa, So 10–17.30 Uhr, Mitte Juli–Ende Aug. tgl., www. chateau-de-veves.be).

Château de Freÿr 17

Direkt am Ufer der Maas liegt das Renaissanceschloss Freÿr, das seit 20 Generationen von derselben Familie bewohnt wird. Der **französische Park erstreckt sich über drei Terrassen.** Er beherbergt 300 Jahre alte Apfelsinenbäume und die älteste Orangerie des Landes. (Schloss und Gärten: April–Juni u. Sept. nur Sa, So, Fei 10.30–12.45, 14–17.45, Juli, Aug. Di–So 10.30 bis 12.45, 14–17.45, Okt.–März So 14–16.30 Uhr, www.freyr.be). Die schroffen Felsen am Ufer gegenüber sind der Klettergarten der belgischen Alpinisten.

**Dinant 18

Das Städtchen (12 700 Einw.) zieht sich auf mehr als 4 km Länge am Ufer der Maas entlang. Seit dem 12. Jh. ist es berühmt für seine kunstvollen Kupfer- und Messingarbeiten, die »Dinanderien«. Aus Dinant stammt Adolphe Sax (1814–1894), der Erfinder des Saxophons. Bedingt durch seine exponierte Lage war Dinant stets bevorzugtes Ziel in kriegerischen Auseinandersetzungen.

Beherrschendes Bauwerk ist die Zitadelle, die man per Auto, Kabinenseilbahn oder zu Fuß über 405 Stufen erreicht. Schon 1051 stand hier eine Festung. Von oben bietet sich ein fantastischer Ausblick auf die Stadt mit der frühgotischen **Collégiale Notre-Dame.** Ihr wurde im 17. Jh. der erdrückend große Zwiebelturm aufgesetzt, der heute Wahrzeichen von Dinant ist. Lesepult und Leuchter im Chor sind Musterbeispiele für »Dinanderien«.

Fast noch im Ortskern lockt die Unterwelt: Eine 50-minütige Führung macht mit der Tropfsteinhöhle **Grotte la Merveilleuse** bekannt (stündlich, April–Okt. tgl. 11–17, an Wochenenden und während der Sommerferien 10–18, Nov.–März Sa, So und während der Schulferien 13–16 Uhr).

Empfehlenswert ist eine **Rundfahrt auf der Maas.** Anlegestelle gegenüber dem Hôtel de Ville

(Rathaus). Etwa 1 km südlich von Dinant türmt sich der markante Felsblock »La Roche Bayard« auf.

Info

Maison de Tourisme
5, ave. Colonel Cadoux][5500 Dinant
Tel. 082/22 28 70
www.dinant-tourisme.be

Hotel

De la Couronne
1–3, rue Saxe][Tel. 082/22 24 41
www.hotellacouronne.com
Solides Innenstadt-Hotel der Mittelklasse mit dem Charme der 1970er-Jahre und gutem Restaurant. ●●

Restaurant

Mille Sabords
49, rue Alexandre Daoust
Tel. 082/22 91 31
Edle Brasserie mit interessanten Menüvorschlägen und schönem Garten. Mo–Mi geschl. ●●

Ausflug

Am linken Ufer der Maas locken zwei täglich geöffnete Ziele ganz unterschiedlicher Art: Die neugotische **Abbaye de Maredsous** (18 km nordwestl. von Dinant) im Molignée-Tal wurde 1872 von Benediktinern gegründet. Sie ist landesweit berühmt für ihren würzigen Weichkäse und ihre drei hier gebrauten Abteibiere (www.maredsous.be).

Gut 12 km weiter wartet das **Lustschloss von Annevoie-Rouillon** (18. Jh.) im Park von Annevoie, der neben französischen, italienischen und englischen Stilelementen den einzigen Wassergarten Belgiens aufweist. An Pfingsten und Mitte September wird ein Gartenfest veranstaltet (www.annevoie.be).

Spontin 19

Der Ort im Flusstal des Bocq ist für seine Mineralquellen und die Burg (12.–19. Jh.) bekannt. Sie liegt mitten im Fluss und liefert ein Paradebeispiel früher Festungsarchitektur, an der bauliche Veränderungen von der Gotik bis hin zur Renaissance nachvollziehbar sind. Die Burg befindet sich in Familienbesitz und ist nicht zugänglich. Da mag ein Besuch in der rund 5 km westlich gelegenen historischen Brauerei des Bocqs › S. 34 trösten.

*Namur 20

Die Hauptstadt (107 000 Einw.) der Provinz Namur wurde in der Römerzeit am strategisch wichtigen Zusammenfluss von Sambre und Meuse gegründet. Sie war häufig Kriegsschauplatz. Ein Relikt dieser Zeit ist die **Zitadelle** über der Stadt, die einen prächtigen Ausblick bietet. Von April bis Oktober lockt hier der Parc Attractif Reine Fabiola mit Attraktionen für Kinder (www.parf.be). Sehenswert sind zudem die klassizistische **Kathedrale St.-Aubain** und die reich dekorierte, ehemals jesuitische **Barockkirche St.-Loup.**

Das **Diözesanmuseum** neben der Kathedrale lohnt wegen seiner Kunstschätze (11.–13. Jh.) einen

Die Place d'Armes von Namur mit ehemaliger Börse und Belfried

Besuch. Herrliche Goldschmiedearbeiten von Hugo d'Oignies (13. Jh.) zeigt das **Institut des Sœurs de Notre-Dame.** Die alte Fleischhalle (16. Jh.) beherbergt heute das **Musée Archéologique** mit einer Sammlung merowingischer Kleinkunst und diversen archäologischen Funden.

Information

Office de Tourisme
Square Léopold][5000 Namur
Tel. 081/22 28 59][www.mtpn.be

Hotels

■ **Château de Namur**
1, avenue Ermitage
Tel. 081/72 99 00
www.chateaudenamur.com
Landschloss auf einem Berg unterhalb der Zitadelle mit 29 schlicht-eleganten Zimmern in Pastelltönen. ●●●

■ **New Hotel de Lives**
1178, Chaussée de Liège
Lives sur Meuse][Tel. 081/58 05 13
www.newhoteldelives.com
Best-Western-Hotel im Park am Hochufer der Maas. 20 Komfortzimmer in einem Landhaus aus dem 19. Jh. ●●

Restaurants

■ **La Bergerie**
100, rue de Mosanville
Lives sur Meuse][Tel. 081/58 06 13
www.bergerielives.be
Köstlich speisen in einem romantischen Park; feine Lammspezialitäten.
So abends, Mo und Di geschl. ●●●

■ **La Petite Fugue**
5, place Chanoine Descamps
Tel. 081/23 13 20
www.lapetitefugue.be
Schickes modernes Restaurant, sehr gute französische Küche. ●●

Shopping

An der östl. Zufahrt zur Zitadelle entführt die Parfümerie **Guy Delforge** im ehemaligen Grafenschloss mit Verkaufsausstellung und Führungen in ein Reich der Düfte (**Château des Comtes**, Mo–Sa 10–17.30, So, Fei 14–18 Uhr, www.delforge.com).

*Huy 21

Seit dem 7. Jh. pflegt die Stadt (20 000 Einw.) die Tradition der Zinngießerei. Als einer der bedeutendsten hochgotischen Bauten Belgiens gilt die **Stiftskirche Notre-Dame aus dem 14./15. Jh. mit ihrer romanischen Krypta.** Berühmt sind die mächtige Fensterrosette »Li Rondia«, der Kirchenschatz mit vier Reliquienschreinen aus dem 12./13. Jh. und das Bethlehem-Portal.

Auf der **Grand-Place** steht vor dem Rathaus der Brunnen **Li Bassinia** (18. Jh.), bei dessen Bau man ältere Bronzefiguren wieder verwendete. Im **Gemeindemuseum** (früher Franziskanerkloster, 17. Jh.) werden Sammlungen zur Lokalgeschichte gezeigt.

Die **Zitadelle** (19. Jh.; auch per Seilbahn erreichbar), einst Staatsgefängnis, war im Zweiten Weltkrieg Durchgangslager für Menschen, die das Nazi-Regime als »unwertes Leben« einstufte und ermordete – ein Thema im kleinen Résistance-Museum.

Ein Abstecher ans andere Ufer der Meuse zur **Zisterzienserinnenabtei Marche-les-Dames (12. Jh.)** empfiehlt sich 9 km hinter Andenne. Eine Gedenktafel am Felsen erinnert an den Tod König Alberts I., der hier 1934 bei einer Klettertour abstürzte.

Information

Maison de Tourisme
1, quai de Namur][4500 Huy
Tel. 085/21 29 15
www.pays-de-huy.be

Hotel

Du Fort
6, Chaussée Napoléon
Tel. 085/21 24 03
www.hoteldufort.be
Historisch und schlicht, aber gut geführt. Unterhalb der Festung. ●

Restaurant

Li Cwerneu
2, Grand-Place][Tel. 085/25 55 55
Stilvolles Ambiente und originell-moderne Küche. Hier ist Reservierung ratsam. Di–Sa ab 18 Uhr. ●●

Amay und Schloss Jehay 22

Bei Umbauarbeiten an der romanischen **Stiftskirche St. Georges et Ste. Ode** von Amay (12 500 Einw.) wurden bedeutende Relikte aus merowingischer Zeit entdeckt, u.a. der Sarkophag der hl. Chrodoara, der sie als Äbtissin mit einem Stab in der Hand zeigt. Im linken Querschiff steht ein wundervoller Reliquienschrein (13. Jh.).

Hinter der Kirche führt eine Nebenstraße zum **Wasserschloss Jehay,** einem Herrensitz aus dem 16. Jh., der eine auffällige Fassade im Schachbrettmuster besitzt. Zur romantischen Anlage gehört ein Skulpturengarten mit Elfen und Najaden (April–Sept. Di–Fr 14–18, Sa, So 11–18 Uhr). Reste eines Pfahlbaudorfes bezeugen eine Besiedlung des Gebietes bereits in der Mittelsteinzeit.

Das Antwerpener Stadhuis mit dem Brabo-Brunnen

Nordöstliche Provinzen

Nicht verpassen!

- Ein Besuch in der einst bedeutendsten Buchdruckerei der Welt in Antwerpen
- Das Rathaus von Leuven, ein Stein gewordenes Schmuckkästchen
- Ein Schlückchen Jenever direkt vom Fass in Hasselt
- Im Freilichtmuseum Bokrijk ins Leben der Urgroßeltern eintauchen

Zur Orientierung

Die Provinzen Limburg, Antwerpen und Flämisch-Brabant bilden den Norden und Osten Belgiens. Kanäle durchziehen das flache grüne Land, das akzentuiert wird von Geländewellen oder Hügeln – die ideale Landschaft für gemütliche Radtouren. Die Provinz Limburg gilt als besonders fahrradfreundlich. Ihr dichtes, mehr als 750 km langes Radwegenetz ist mit nummerierten und beschilderten Knotenpunkten markiert, die die Orientierung auf den sich vielfach kreuzenden Wegen ganz einfach machen.

Unterwegs trifft man in kurzen Abständen auf Dörfer sowie kleinere und größere Städte. Fast alle hüten stattliche Zeugnisse vergangener Bedeutung. Tongeren ganz im Osten kann sogar mit einem römischen Erbe aufwarten. Aus der Reihe der kleinen Kunststädte ragen einige ganz besonders heraus: die ehrwürdige Universitätsstadt Leuven und die Glockenspielerstadt Mechelen.

 Karte Seite 70

Da und dort haben sich auch noch einige Fleckchen fast unberührter Natur erhalten: Der recht junge Nationalpark Hoge Kempen zwischen Maas und Schelde erfreut mit Tannenwäldern und Heideflächen. Weiter Richtung Antwerpen stellt die Kalmthoutse Heide den letzten Rest eines einst ausgedehnten Heidelandes dar.

Die Hafenstadt Antwerpen ist das Glanzlicht der Region. Hier ist internationales Flair zu spüren, hier blühen Diamantenhandel, Warenumschlag und Tourismus. Antwerpen ist eine Weltstadt – wenn auch vielleicht die kleinste der Welt.

Touren in der Region

Steeplechase – Von Turm zu Turm

9 Tongeren › Sint-Truiden › Zoutleeuw › Tienen › Leuven › Mechelen › Lier › Antwerpen

Dauer: 2 Tage
Praktische Hinweise: Zwar bestehen zwischen den einzelnen Städten gute Bus- oder Zugverbindungen, doch wird man eine ausführliche Erkundung der Region wahrscheinlich mit dem Auto vornehmen.

Steeplechase – ein Rennen von Kirchturm zu Kirchturm – war einst das Sonntagsvergnügen englischer Gentlemen. Eine Auswahl sehenswerter (wenngleich meist unvollendeter) Türme findet sich im nördlichen Belgien. ***Tongeren** › S. 85 mit dem Turm der gotischen Liebfrauenbasilika ist der Startpunkt der Tour. Der herausragende Turm von **Sint-Truiden** › S. 85 gehört nicht der Kirche, sondern den Bürgern: der Bel-

9

Steeplechase – Von Turm zu Turm Tongeren › Sint-Truiden › Zoutleeuw › Tienen › Leuven › Mechelen › Lier › Antwerpen

10

Radtour durchs Kempenland Turnhout › Zondereigen › Baarle-Hertog › Poppel › Hooge Mierde › Oud-Turnhout › Turnhout

fried neben dem eleganten klassizistischen Rathaus.

Die Leonarduskirche in **Zoutleeuw** › S. 85 ist wegen ihrer prächtigen Ausstattung einen Abstecher wert. Der zierliche Turm über der Vierung ist zugleich der Glockenturm der Stadt.

Mit zwei schönen Kirchtürmen kann **Tienen** › S. 82 aufwarten, wenn auch beide unvollendet geblieben sind und mit barocken Helmen Vorlieb nehmen müssen.

In ****Leuven** › S. 81 mussten ebenfalls hochfliegende Pläne begraben werden: Der geplante mächtige Turm ist als Stumpf stecken geblieben. Ein Modell in der Kirche zeigt, was hätte werden können, wenn ...

Auch in ****Mechelen** › S. 79 haben die Träume der Realität nicht standgehalten: Von den geplanten 168 m wurden nur 97 m realisiert – in schönster Brabanter Hochgotik.

Die Gummaruskirche in ****Lier** › S. 81 ist ebenfalls unvollendet, doch trägt sie ihren flachen Helm mit großer Würde. Lier kann freilich einen anderen Turm ins Feld führen: Den Zimmerturm mit seiner erstaunlichen Kunstuhr, die mehr anzeigt, als man je zu wissen hoffte.

Und dann erreicht man *****Antwerpen** › S. 73, die Schöne an der Schelde, und hier endlich zeigt sich am Liebfrauendom, was flämische Baumeister zustande bringen konnten, wenn die Umstände günstig waren: 123 m gotische Leichtigkeit und Eleganz, Würde und Pracht.

Radtour durchs Kempenland

(10) Turnhout › Zondereigen › Baarle-Hertog › Poppel › Hooge Mierde › Oud-Turnhout › Turnhout

Dauer: 1 Tag
Praktische Hinweise: Fahrradverleih am Bahnhof Turnhout, Tel. 03/2 29 56 76 (April bis Sept.). Länge der Tour: 55 km. Informationen: **Touristeninfozentrum 't Steentje,** Grote Markt 44, 2300 Turnhout, Tel. 014/44 33 55, www.turnhout.be (unter Cultuur)

Die Hauptstadt des Kempenlandes ist **Turnhout,** ein Provinzstädtchen mit stattlicher Kirche und schönem Beginenhof, wo sich für die Übernachtung das schmucke, freundliche B&B Haus De Joker (Glazenierstraat 37, 2300 Turnhout, Tel./Fax 014/42 11 80, www.dejoker.be, ●–●●) anbietet.

Es geht zunächst nach Westen Richtung Merkplas, dann aber schon bald nach Norden und über kleine Straßen nach **Zondereigen.** Gleich danach überquert man die Grenze nach Holland und landet – wieder in Belgien.

Das Örtchen **Baarle-Hertog** ist eine belgische Exklave, die zusammen mit dem holländischen Dorf Baarle-Nassau am selben Fleck existiert. Einträchtig nebeneinander stehen Häuser mit holländischen oder belgischen Hausnummern, ja, ein Haus gehört sogar zur einen Hälfte zu Belgien, zur anderen zu den Niederlanden.

Von Baarle-Hertog aus geht es nach **Poppel** und dann durch das Heide- und Moorgebiet **Hooge Mierde.** Über Arendonk erreicht man schließlich **Oud-Turnhout** mit dem prächtigen Klostergebäude der einstigen Priorei Corsendonk. Von hier aus radelt man nur ein paar Minuten bis zum Ausgangspunkt **Turnhout.**

Wichtige Adressen

- **Toerisme Provincie Antwerpen** › S. 139
- **Toerisme Limburg** › S. 139
- **Toerisme Vlaams-Brabant**
Provincieplein 1, 3010 Leuven
www.toerismevlaamsbrabant.be

Unterwegs im Nordosten

***Antwerpen 1

Neben Brüssel bildet die Hauptstadt (470 000 Einw.) der gleichnamigen Provinz den zweitgrößten Ballungsraum Belgiens. Ihre Bedeutung gewinnt sie durch ihre modernen Hafenanlagen, die zu den leistungsfähigsten der Welt zählen, sowie durch die Automobil-, die Chemie- und die Modeindustrie. Auch in der Vergangenheit bestimmte der Hafen die Entwicklung der Stadt. Handel und Wirtschaft schufen eine weltoffene Atmosphäre, in der Kunst und Kultur blühten.

Het Steen A

Die Burg mit den Grundmauern aus dem 9. Jh. ist der markanteste Blickfang am Schelde-Kai und ältester Siedlungsrest der Stadt, die im 8. Jh. an der Schelde gegründet wurde. Zur Residenz der Markgrafen wurde die Festung zu Beginn des 16. Jhs. umgebaut. Die dunklen Reste des ursprünglichen Baus kann man leicht von den in hellem Sandstein neu entstandenen Teilen unterscheiden. Etwas weiter nördlich eröffnete im Mai 2011 auf **Het Eilandje** das neue **MAS** u.a. mit dem sehenswerten *Nationalen Schifffahrtsmuseum, sowie einem Folklore- und einem ethnografischen Museum (Di–So 10–17 Uhr, www.mas.be). Das alte Hafenviertel hat sich in den

Picknick am Hafen

vergangenen Jahren zu einem angesagten Szeneviertel mit schicken Lofts und Bars gemausert.

Echt gut!

Die Uferstraße Kaaien, die am Steen entlangführt, bietet **den schönsten Rundblick über die Schelde.** Am nördlichen Horizont lassen sich die Ladebäume des modernen Hafens ausmachen, stadteinwärts beherrscht der majestätische Turm der **Liebfrauenkathedrale** das Bild. Hier kann man gut nachvollziehen, dass Antwerpen einst eine einflussreiche Hansestadt war. 1565 war es mit mehr als 100 000 Einwohnern nach Paris die größte Stadt nördlich der Alpen. Im Krieg zwischen den reformierten Niederländern und den katholischen Spaniern riegelten die Niederländer die Schelde ab und leiteten damit den Niedergang der Stadt ein. Erst unter Napoleon wurde die Schelde wieder frei. Als Haupthafenstadt der Kolonialmacht Belgien gelangte Antwerpen um die Wende zum 20. Jh. zu neuem Reichtum.

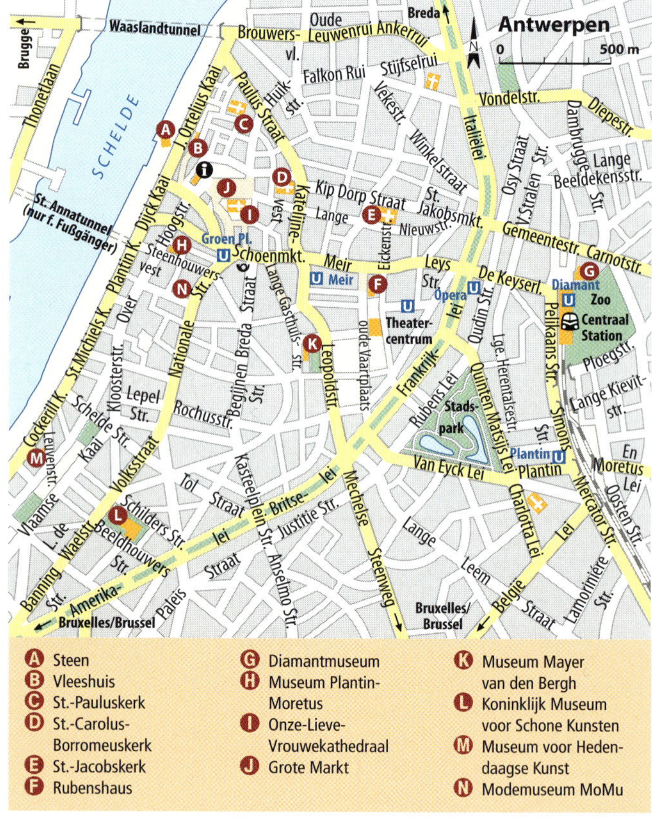

Karte Seite 74

*Vleeshuis B

Im 16. Jh ließen sich die Antwerpener Fleischer ihr spätgotisches Zunfthaus erbauen. Die weißen Sandsteineinlagen zwischen den roten Ziegeln der Fassade erinnern an durchwachsenen Speck. Die obere Etage diente den Fleischern als Sitzungssaal, die untere als Verkaufsraum. Geschlachtet wurde in der Gasse davor. Heute birgt das Haus das Museum ***Klank van de Stad**. Es widmet sich der Geschichte der Stadtmusik (Di–So 10–17 Uhr).

*St.-Pauluskerk C

Die spätgotische Dominikanerkirche (16. und 17. Jh.) auf dem Veemarkt wird von einem barocken Glockenturm überragt und ist üppig ausgestattet mit Skulpturen und Gemälden flämischer Meister. Besonders eindrucksvoll sind der Hauptaltar, die Beichtstühle und eine Geißelung Christi im linken Querhaus.

St.-Carolus-Borromeuskerk D

Nicht zu übersehen ist die überaus prächtige Fassade dieser Kirche am Hendrik Conscienceplein. An den Plänen dafür soll Rubens mitgewirkt haben, auch die Gemälde des Deckenschmucks stammen aus seiner Werkstatt.

St.-Jacobskerk E

Mit dem Bau der spätgotischen Jakobskirche wurde gegen Ende des 15. Jhs. begonnen, rund 200 Jahre später war sie fertig gestellt. Die kreuzförmige Basilika bietet mit ihren beidseitigen Kapellenreihen und dem Kapellenkranz des Chors viel Raum für die reich geschmückten Grabmäler einflussreicher Bürger.

In einer Grabkapelle hinter dem barocken Hochaltar seiner Pfarrkirche fand Peter Paul Rubens (1577–1640) seine letzte Ruhestätte. Die Kapelle schmückt eine »Jungfrau mit Heiligen«, eines seiner späten Gemälde, weitere Bilder stammen von seinem Schüler Jacob Jordaens.

Rubenshaus F

Im 17. Jh. erreichte das kulturelle Leben der Stadt seinen Höhepunkt. Peter Paul Rubens, der be-

Anfang des 20. Jh. entstand dieses Haus am Boulevard De Keyserlei

deutendste Maler Antwerpens, kaufte 1610 das **repräsentative Stadtpalais, das sich am Vorbild italienischer Palazzi orientiert.** Innenhof und Gartenanlage werden von dem **Portikus** getrennt. Neben den prachtvoll ausgestatteten Wohnräumen sind das Atelier und das Kunstkabinett des Malers, eigene Werke und Arbeiten seiner Schüler, aber auch Bilder aus Rubens' bedeutender Kunstsammlung zu besichtigen (Di–So 10–17 Uhr, www.rubenshuis.be, vergünstigtes Kombi-Ticket für das Rubenshuis und das Museum Mayer van den Bergh).

Diamantmuseum G

Eine Pause in einem der Straßencafés in De Keyserlei bietet sich an, bevor man beim Anblick der funkelnden Schätze im Diamantmuseum die Bodenhaftung verliert. Exponate aus fünf Jahrhunderten zeugen von Macht und Fachkenntnis der hiesigen Experten. 85 % des weltweiten Juwelenhandels werden in den Kontoren Antwerpens abgewickelt (tgl. außer Mi 10–17.30 Uhr).

Für eine der zwei geführten »Diamantenwanderungen« kann man sich bei Tourism Antwerp › S. 78 anmelden.

Der Meister des Barock

Peter Paul Rubens wurde am 28. Juni 1577 im westfälischen Siegen geboren, wohin sein Vater, ein Rechtsgelehrter aus Antwerpen, vor den Wirren der Gegenreformation geflohen war. Nach dem Tod des Vaters kehrte er 1589 in die Heimatstadt der Eltern zurück und erhielt dort eine vom Geist des Humanismus geprägte Ausbildung. Als 23-Jähriger ging er nach Italien und wurde Hofmaler des Herzogs Gonzaga in Mantua, der den jungen Mann auch mit diplomatischen Missionen betraute.

Als er 1608 wieder nach Antwerpen zurückkehrte und dort eine Werkstatt gründete, begann seine unvergleichliche Karriere: Aus seinem Atelier ging eine unerschöpfliche Zahl von Werken hervor, von denen er ca. 600 mit eigener Hand geschaffen hat. Unter anderem arbeiteten Antonis van Dyck, Jacob Jordaens und Jan Brueghel in seiner Werkstatt. Fast alle denkbaren Sujets griff Rubens auf und bearbeitete sie mit nie versiegendem Ideenreichtum: Landschaften, Porträts, biblische, mythische, historische Szenen. Seine Anregungen bezog er sowohl aus seinen italienischen Jahren, in denen er neben den Gemälden von Tizian, Michelangelo und Leonardo da Vinci auch die Werke der Antike kennen gelernt hatte, wie auch aus den Bildwelten seiner niederländischen Landsleute. Groß angelegte Historienpanoramen erfüllte er mit seiner Farbenglut und überströmender Sinnlichkeit, dann wieder schuf er mit zartesten Rötelstrichen kleine, intime Bildnisse seiner Angehörigen.

Schon zu Lebzeiten ein berühmter und gefragter Künstler, der sich neben einem großzügigen Stadtpalais auch ein Landhäuschen leisten konnte, gilt Peter Paul Rubens heute nahezu als Inkarnation barocker Ausdruckskraft.

***Museum Plantin-Moretus H

Anno 1549 gründete der Buchdrucker Christoph Plantin seine Druckerei, die einzige, die unter Philipp II. das Recht besaß, Mess- und Gebetsbücher für das Spanische Reich – und das war damals die halbe Welt – zu drucken. Unter seinem Schwiegersohn Moretus und dessen Nachkommen arbeitete die Druckerei bis weit ins 19. Jh. hinein. Anschließend wurde das Renaissance-Gebäude mitsamt Druckwerkstatt, Setzerei und Kontor als Museum eingerichtet. Außer einer Ausstellung zur Geschichte des Buches sind kostbare Drucke, u.a. eine der 13 erhaltenen Gutenbergbibeln, die Biblia Regia, zu sehen. Als einziges Museum der Welt führt es die UNESCO als Weltkulturerbe auf ihrer Liste (Di–So 10–17 Uhr, www.plantin-moretus.be).

**Onze-Lieve-Vrouwe-Kathedraal I

Mit seinem 123 m hohen Turm ist der Liebfrauendom der mächtigste Sakralbau Belgiens. Auf Betreiben der Bürgerschaft begann man 1352 mit dem Bau, der 1521 vollendet werden konnte. Fünf Kapellen umgeben den Chor. Außen umstellen Läden und Cafés die Kathedrale. Zwei Brände, 1443 und 1533, Bilderstürmer und Plünderungen beschädigten die Kathedrale und dezimierten ihre Ausstattung. Doch beeindruckt der schmucklose Innenraum durch seine ausgewogenen Proportionen. So entfalten zwei Werke von Rubens unbeeinträchtigt ihre Wirkung: **Die Kreuzaufrichtung** und **Die Kreuzabnahme.**

Onze-Lieve-Vrouwe-Kathedraal

Im Sommer finden **jeden Freitag Orgelkonzerte in der Kathedrale** statt (www.akc-orgel.be).

Stadhuis und Grote Markt J

Cornelis de Vriendt erbaute von 1561 bis 1566 das prächtige **Rathaus** an der Westseite des **Grote Markt** im prunkliebenden flämischen Renaissancestil. Es harmoniert mit den umstehenden gotischen Häusern, die jedoch zum Teil erst im 19. Jh. nach alten Plänen wieder hergestellt wurden. Sein Giebelschmuck weist auf die Zünfte und Gilden als frühere

Hausbesitzer hin (Nr. 5, Haus der Böttcher; Nr. 7, Haus der Armbrustschützengilde; Nr. 11, Haus der Krämer). Im Zentrum des

Echt gut!

Marktplatzes, des historischen Zentrums der Stadt, steht der **Brabo-Brunnen.** Er zeigt die Entstehungslegende der Stadt: Der Riese Antigon schlug den Schelde-Schiffern, die ihm keinen Wegzoll entrichteten, die Hände ab und warf diese in den Fluss (Hand werpen = Antwerpen). Schließlich soll der römische Legionär Silvio Brabo den Riesen überwältigt und den Grundstein zu einer Siedlung gelegt haben.

*Museum Mayer van den Bergh Ⓚ

Diese Gemäldesammlung ist einzigartig: Zu sehen sind Werke wie die »Dulle Griet« von Pieter Brueghel d. Ä. sowie Gemälde von Dirk Bouts und Quentin Metsys. Hinzu kommen mittelalterliche Skulpturen, Möbel, Fayencen, Elfenbeinarbeiten und Buchmalereien (Di–So 10–17 Uhr).

**Koninklijk Museum voor Schone Kunsten Ⓛ

Ein klotziger neuklassizistischer Bau beherbergt das Königliche Museum der Schönen Künste, die umfangreichste Sammlung niederländischer Malerei Belgiens. Wegen umfassender Renovierungsarbeiten ist das Haus von Mai 2011 bis voraussichtlich 2017 geschlossen, nur die Bibliothek und das Archiv sind weiterhin zugänglich (www.kmska.be).

**Museum voor Hedendaagse Kunst Ⓜ

Ein umgebauter Getreidespeicher beherbergt das Museum für zeitgenössische Kunst, in dem Exponate und Wechselausstellungen aus dem gesamten Spektrum moderner Kunst zu erleben sind (Di–So 10-17 Uhr; www.muhka.be).

Modemuseum MoMu Ⓝ

Zwischen hippen Boutiquen und gestylten Garagenshops rund um die Nationalestraat präsentiert das MoMu neben klassischen Stücken die radikalen Modestatements der Postmoderne. Dries van Noten, Martin Margiela, Ann Demeulemeester, Dirk Bikkembergs und Walter van Beirendonck zeigen ihre schrillsten Entwürfe, Absolventen des Flanders Fashion Institute finden hier ein Forum für ihre textilen Fantasien (während der Dauer der Ausstellungen Di–So 10–18 Uhr, jeden ersten Di im Monat bis 21 Uhr, www.momu.be).

Info

Tourism Antwerp
Grote Markt 13][2000 Antwerpen
Tel. 03/232 01 03
http://visit.antwerpen.be

Hotels

■ Colombus
Frankrijklei 4][Tel. 03/233 03 90
www.colombushotel.com
Konservativ-gediegen eingerichtetes 32-Zimmer-Haus an der Flämischen Oper; Internetzugang, Schwimmbad, großzügiges Frühstücksbüffet. ●●●

■ **De Witte Lelie**
Keizerstraat 16–18
Tel. 03/226 19 66
www.dewittelelie.be
Individuell gestaltete Zimmer in drei Altstadthäusern aus dem 16. Jh. ●●●

■ **Industrie**
Emiel Banningstraat 52
Tel. 03/238 66 00
www.hotelindustrie.be
Gepflegtes Hotel (13 Zimmer) in einem alten Herrenhaus in ruhiger Innenstadtlage. ●●

■ **Leonardo Hotel Antwerpen**
de Keyserlei 59][Tel. 03/232 14 43
www.leonardo-hotels.com
Praktisches, modernes Quartier 50 m vom Hauptbahnhof mit komfortablen Zimmern und 9 Suiten; eigene Tiefgarage, Bar und Business Center. ●●

Restaurants

■ **Rooden Hoed**
Oude Koornmarkt 25
Tel. 03/233 28 44
Antwerpens angeblich ältestes Restaurant (gegr. 1750) – mit Blick auf die Liebfrauen-Kathedrale – ist bekannt für seine Muschel- und Eisspezialitäten. Tgl. 12–14.30, 18–22.30 Uhr. ●●

■ **TakeTwo**
Groenendaallaan 408
Tel. 03/542 33 85
Schick gestyltes Lokal im Kinokomplex Metropolis, u.a. interessante Fusion-Küche. Tgl. 10–23 Uhr. ●–●●

■ **Cullinan**
Isabellalei 1][Tel. 03/230 16 60
Sympathisches kleines Bio-Lokal südlich vom Stadspark im alten jüdischen Viertel. Große Auswahl an vegetarischen und makrobiotischen Gerichten, aber auch Fisch und Fleisch stehen auf der Karte. So, Mo geschl. ●

Vor dem Rathaus von Mechelen ehrt eine Statue Margarete von Österreich

**Mechelen 2

Die beschauliche Stadt (78 000 Einw.) an der Dijle, seit Mitte des 16. Jhs. Sitz des belgischen Erzbistums, erlebte ihre Blüte unter der Statthalterin Karls V., Margarete von Österreich. An ihrem Hof verkehrten Erasmus von Rotterdam, Thomas Morus und Albrecht Dürer. 1572 brannten die Spanier die Stadt nieder.

Mittelpunkt ist der **Grote Markt** mit der Statue der Margarete von Österreich vor der markanten Fassade des **Rathauses.** Das gotische Palais, dessen fein gegliederte Fassade erst im 19. Jh.

nach alten Plänen fertig gestellt wurde, und die massive einstige Tuchhalle vervollständigen das Ensemble.

Der 97 m hohe Turm der gotischen **St.-Romboutskathedraal** wurde um 1400 als höchstes Wahrzeichen der Christenheit geplant (167 m), doch endeten die Bauarbeiten vorzeitig. Im weitgehend barocken Innenraum mit sieben Chorkapellen verdient eine Darstellung der »Kreuzigung« von Antonis van Dyck im rechten Querschiff besondere Beachtung. Echt gut! Das **Glockenspiel im Turm erklingt bei kostenlosen Konzerten** (Juni–Sept. Mo 20.30 Uhr).

Die Besichtigung der **St.-Janskerk** lohnt wegen Rubens' Hochaltartriptychon »Anbetung der Könige«. Verbliebener Rest der Stadtbefestigung ist das **Brüsseler Tor** (14. Jh.). Mechelen ist Zentrum der Glockenspielkunst mit der einzigen **Glockenspielerschule** des Landes. Im Hof van Busleyden steht ein Spiel mit 49 Glocken, auf dem regelmäßig Konzerte gegeben werden.

Am Zimmerturm in Lier

Info

Toerisme Mechelen
Hallestraat 2–6][2800 Mechelen
Tel. 070/22 00 08
www.tourismusmechelen.be

Hotels

- **NH Mechelen**
Korenmarkt 24][Tel. 015/42 03 03
www.nh-hotels.com
Stilvoll eingerichtetes Hotel (43 Zi.) im Altstadtzentrum, mit Restaurant. ●●

- **Refuge Lindenhof**
Marterstraat 1][Tel. 015/27 14 77
www.refugelindenhof.be
Mitten in der Altstadt liegt dieses Renaissancehaus mit Garten. ●

Restaurants

- **D'Hoogh**
Grote Markt 19][Tel. 015/21 75 53
www.dhoogh-restaurant.be
Vornehmes Speiselokal in ehemaliger Patrizierwohnung mit großem und kleinem Saal unter Stuckdecken; feine Fisch- und Fleischgerichte à la Carte und Menüs. Sa mittags, So abends, Mo, Di geschl. ●●●

- **De Kok en de Proever**
Adegemstraat 43][Tel. 015/34 60 02
Traditionelle flämische Küche mit modernen Elementen, eine Mischung aus Nostalgie und Trend; 100 Plätze. So und Mo geschl. ●●

**Lier 3

Als »die hübscheste Stadt Belgiens« beschrieb der Schriftsteller Felix Timmermans (1866–1947) seinen Geburtsort (33 300 Einw.) an der Nete. Am **Grote Markt** mit seinen Zunfthäusern wird die elegante Rokokofassade des Rathauses vom gotischen **Belfried,** dem Rest der Tuchhalle, überragt. In der spätgotischen **St.-Gommaruskerk** mit ihrem mächtigen viereckigen Turm mit Glockenspiel sind die Apostelfiguren an den Rundpfeilern, der dreibogige Lettner im Flamboyantstil und die Fenster sehenswert.

Gegenüber steht das älteste Bauwerk der Stadt, die frühromanische **St.-Pieters-Kapelle.** Am anderen Flussufer fällt der Blick auf den **Zimmerturm (Zimmertoren) mit der astronomischen Uhr.** In diesem Turm, einst Teil der mittelalterlichen Stadtbefestigung, wurde ein Museum mit Werkstücken des Uhrmachers Ludwig Zimmer (1888–1970) eingerichtet (Zimmerplein 18, Di–So 9–12, 13.30–17.30 Uhr).

Der älteste ***Beginenhof** Flanderns wird von einem schönen Barockportal abgeschlossen.

Herentals

Das Provinzstädtchen (26 000 Einw.) 15 km nordöstlich von Lier beeindruckt mit zwei Stadttoren (14. Jh.) und der gotischen **St.-Waldetrudiskerk** mit viereckigem Turm und romanischem Taufbecken. Der Beginenhof wurde während der Religionskriege zerstört; seine wieder errichteten Häuschen stehen im Schatten einer kleinen gotischen Kirche.

6 **Leuven 4

Leuven (90 700 Einw.) zählt sich mit Fug und Recht zu den bedeutendsten flämischen Kunststädten. Die 1425 gegründete Universität ist die älteste Belgiens. Im Mittelalter machte der Tuchhandel viele Leuvener reich. Nach einem fehlgeschlagenen Aufstand der Zünfte gegen die Aristokraten 1378 verließen die meisten Weber Leuven. Mit ihnen ging auch der Wohlstand. Erst die Gründung der Universität brachte der Stadt neuen Aufschwung. Erasmus von Rotterdam gründete hier sein Kolleg für Hebräisch, Griechisch und Latein.

Das 1439–1469 errichtete **spätgotische Stadhuis am Grote Markt** ist ein atemberaubendes Schmuckstück: filigrane Bögen türmen sich über drei Etagen. In den Nischen stehen 236 Statuen von Heiligen, Königen, Gelehrten und Dichtern. Vier Fensterreihen mit hochgezogenen Spitzdächern lockern das Schieferdach auf; die Schmalseiten schließen mit eleganten Türmen und einem Spitztürmchen auf dem Dachfirst ab. Im Inneren sind u.a. Werke des Bildhauers Constantin Meunier (1831–1905) zu sehen.

Gegenüber steht die in Brabanter Spätgotik erbaute **Sint-Pieterskerk.** Ihr Innenraum besticht durch klare Linienführung. Den

Chorraum grenzt ein dreibogiger Lettner ab, die üppige Barockkanzel schmücken Szenen aus dem Leben des hl. Norbert und die Verleumdung Petri. Die **Schatzkammer** besitzt prächtige Altartafeln von Dirk Bouts (Mo–Fr 10–17, Sa 10–16, So 14–17 Uhr; 15. Okt.–15. März Mo geschl.).

Rund um die Naamsestraat stehen noch einige historische Gebäude des Kollegs und der Universität. Die **Universitätshalle,** im 14. Jh. als Tuchhalle erbaut, wurde 1914 zerstört und nach alten Plänen wieder aufgebaut; das Papstkolleg (18. Jh.) wurde von Papst Hadrian VI. gegründet. Ebenfalls an der Naamsestraat prunkt die **Sint-Michielskerk** mit einer flämischen Barockfassade.

Der ***Große Beginenhof** an der Dijle, der zum UNESCO-Weltkulturerbe gehört, entstand im 13. Jh.; ein Großteil der Gebäude stammt jedoch aus dem 17. Jh. Heute befindet sich darin das sicherlich schönste Studentenwohnheim der Welt.

Leuven ist Stammsitz der bekannten Traditionsbrauerei Stella Artois (18. Jh.). Nach Voranmeldung unter www.breweryvisits.be kann man sie besuchen.

Im Juli **findet jeden Freitagabend »Beleuvenissen« statt, ein kostenloses Musikfestival** in der Innenstadt, und Mitte August das Openair-Festival »Marktrock« u.a. auf dem Oude Markt.

Jeden Samstag wird auf dem Mathieu de Laeyensplein und der Mechelsestraat ein bunter Flohmarkt abgehalten (8–18 Uhr).

Info

Tourismus Leuwen
Naamsestraat 1][3000 Leuven
Tel. 016/20 30 20
www.leuven.be

Hotels

■ **Binnenhof**
Maria-Theresiastraat 65
Tel. 016/20 55 92
www.hotelbinnenhof.be
60 moderne Zimmer in Pastellfarben; Dachterrasse. ●●●

■ **Theater Hotel**
Bondgenotenlaan 20
Tel. 016/22 28 19
www.theaterhotel.be
21 modern-schlichte Komfortzimmer mit kostenlosem Internet-Zugang. Schöner Frühstücksraum. ●●–●●●

■ **B&B De Werf**
Hogeschoolplein 5
Tel. 04 76/96 42 41
www.dewerf-leuven.be
Schlichte, freundlich-bunte Unterkunft, 5 Gehmin. vom Stadtzentrum. ●●

Restaurant

Brasserie De Wiering
Wieringstraat 2][Tel. 016/29 15 45
Uriges Café-Restaurant mit Dachterrasse; große Speisenauswahl, 70 Biersorten. Tgl. 11.30–23 Uhr. ●●

Tienen 5

Tienen (32 000 Einw.) im Ackerland des Haspengaus ist bekannt als Zentrum der Zuckerproduktion. Direkt am Grote Markt steht die gotische **Onze-Lieve-Vrouwten-Poelkerk,** die jedoch bis auf den Chor, das Querschiff und den eleganten Turm nie vollendet wurde. Das **Museum Het Toreke** im ehemaligen Gefängnis (16. Jh.) zeigt Keramik- und Goldschmiedearbeiten (Di–So 10–17 Uhr). Am **Wolmarkt** verdienen die Renaissancehäuser (Nr. 19 und 21) Beachtung. In der **St.-Germanuskerk** nahe dem Veemarkt werden Glockenspielkonzerte veranstaltet (Sept.–Juni So 11.15–12.15 Uhr, Juli und Aug. jeden Mi Abend besondere Konzerte). Der gotische Chor und das Kirchenschiff entstanden bereits im 14./15. Jh.

Diest 6

Das hübsche Städtchen (22 800 Einw.) versteckt sich hinter seiner teilweise erhaltenen Stadtmauer an der Flussschleife der Demer. Zentrum ist der **Grote Markt** mit dem gotischen **Rathaus.** In den Gewölben des Untergeschosses zeigt das **Museum De Hofstadt** Rüstungen und Kunstwerke aus dem 15./16. Jh., Sudkessel und Gerätschaften einer alten Brauerei sowie reich verzierte Zunftketten (Mai–Sept. tgl. 10–12, 13–17 Uhr, sonst Mo, Fei geschl.).

Beherrschendes Bauwerk der Stadt ist die **Sint-Sulpitiuskerk** (14.–16. Jh.), deren Turm unvollendet geblieben ist. Im Vierungsturm, der liebevoll Mosterdpot, Senftopf, genannt wird, befindet sich ein Glockenspiel.

Durch ein großes Barockportal betritt man den im 13. Jh. gegründeten ***Beginenhof** in der gleichnamigen Straße. Den schönsten Blick auf das Bauensemble genießt man von der Leopoldvest.

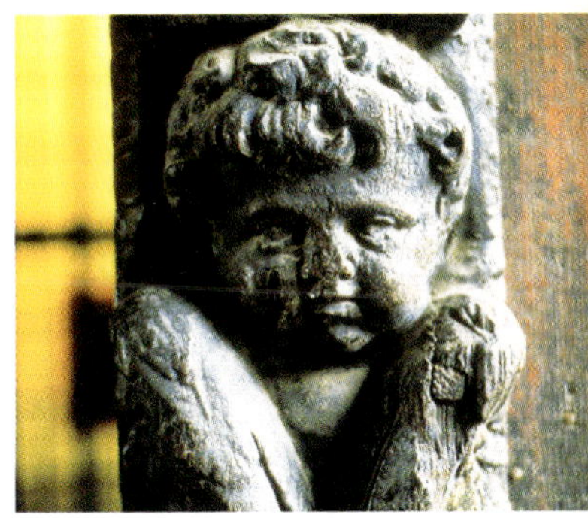

Hübsches Detail am Barockportal des Beginenhofs in Diest

Folgt man dieser Straße weiter, ergibt sich eine hübsche Aussicht auf den Stadtpark Warade und die Windmühle **Lindenmolen** (18. Jh.; jeden ersten So im Monat zugänglich).

Kloster-Ausflug

Ein kleiner, frommer Ausflug (insges. knapp 25 km) führt von Diest zunächst westwärts zur Abtei von **Scherpenheuvel,** dem Zentrum der belgischen Marienverehrung, wo jeweils an Allerheiligen eine Kerzenprozession stattfindet. Die barocke Wallfahrtskirche (1609–1627, seit 1922 Basilika) wird von einer gewaltigen Metallkuppel bekrönt.

Nordwestlich von Diest besucht man die sehenswerte Barockkirche der **Prämonstratenserabtei Averbode** und anschließend die **Abtei Tongerlo,** ebenfalls ein Prämonstratenserkloster. Es hütet eine Kopie des »Letzten Abendmahls« von Leonardo da Vinci, die schönste und älteste Replik dieses Kunstwerks. Die Abtei erwarb das Werk bereits 1545 (Mai–Sept. tgl. 14–17 Uhr)!

Hasselt 7

Die Hauptstadt (75 000 Einw.) der Provinz Limburg ist als Jenever-Metropole bekannt. Im **Nationalen Jenevermuseum** lässt sich die Geschichte des Kornbranntweins mit Wacholderaroma mit allen Sinnen erleben (Witte Nonnenstraat 19, April–Okt. Di–So 10–17, sonst Di–Fr 10–17, Sa, So 13–17 Uhr, Jan. geschl.). Ihr Lieblingsgetränk feiern die Hasselter jedes Jahr ein Wochenende lang (www.jenever feesten.be).

Echt gut!

Am Grote Markt steht eine Reihe prächtiger Fachwerkhäuser aus dem 16. Jh. und ganz in der Nähe die gotische **St.-Quintinuskathedraal** mit ihrem gedrungenen Turm (13. Jh.).

In der nahen **Virga-Jessebasiliek** (18. Jh.) verdienen die Marmorskulpturen und der Hauptaltar (17./18. Jh.) sowie die Madonnenfigur im Chor Beachtung.

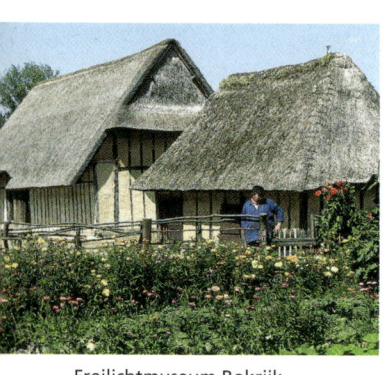

Freilichtmuseum Bokrijk

Die Madonna wird alle sieben Jahre (das nächste Mal im Aug. 2017) bei einer Prozession durch die Stadt getragen.

Gemeinsam mit Experten aus der japanischen Partnerstadt Itami ließen die Hasseler Stadtväter im **Kapermaolenpark** den größten Japanischen Garten Europas anlegen (April–Okt. Di–Fr 10–17, Sa, So 14–18 Uhr).

Info

Tourist Offfice

Lombaardstraat 3][3500 Hasselt
Tel. 011/23 95 40][www.hasselt.be

Freilichtmuseum Bokrijk

Nur wenige Kilometer nordöstlich von Hasselt lockt das große Freilichtmuseum › S. 18 mit **drei unterschiedlichen rekonstruierten Dörfern und Höfen** sowie Mühlen, Werkstätten, Scheunen, Wanderwegen und einem kleinen Tierpark (April–Sept. tgl. 10 bis 18 Uhr, Winterprogramme, für Kinder unter 6 Jahren Eintritt frei; www.bokrijk.be).

Echt gut!

Nationalpark Hoge Kempen 8

Nördlich der Autobahn E 39 schützt der Nationalpark als erster seiner Art in Flandern 5700 ha Tannenwälder und Heideflächen. Teiche und Hügel sind Schutzgebiet für seltene Fauna und Flora (www.nationaalpark.be).

Sint-Truiden 9

Drei Türme prägen Sint-Truiden (38 000 Einw.): der romanische Glockenturm der ehemals mächtigen **Benediktinerabtei**, der gotische Turm der **Liebfrauenkirche** und der **Belfried** (17. Jh.; Glockenspiel). Die Ausmaße der Sakralbauten lassen die einstige Bedeutung der Benediktinerabtei in diesem Gebiet erkennen.

Etwa 15 Gehminuten vom Grote Markt mit seinen hübschen Giebelhäusern liegt im Stadtteil Schurhoven der **Beginenhof.** Die Kirche und das Museum (April bis Okt. Di–Fr 10–12.30, 13.30–17, Sa, So, Fei 14–17 Uhr, gratis) sind Schatzkästchen sakraler Kunst mit bemerkenswerten gotischen Wandmalereien. Sehenswert ist die astronomische Uhr (1942) im Nebengebäude.

Info:

Toerisme Sint-Truiden
Grote Markt 44][3800 Sint-Truiden
Tel. 011/70 18 18
www.toerisme-sint-truiden.be

Zoutleeuw

Nordwestlich von Sint-Truiden schmückt sich das verträumte Städtchen mit der **St.-Leonarduskerk** (13.–16. Jh.), der einzigen Kirche Belgiens, die von den Bilderstürmern und der Französischen Revolution verschont blieb. Interessantester Teil der Innenausstattung ist das **18 m hohe Tabernakel aus der Renaissance** (April–Sept. Di–So 14–17, Okt. nur So, sonst 1. So im Monat 15 Uhr Kirchenführung; gratis).

*Tongeren 10

Neben Tournai › S. 120 ist Tongeren (30 000 Einw.), die Hauptstadt des Haspengaus, die älteste Stadt Belgiens. Vor der **Onze-Lieve-Vrouwebasiliek** (Liebfrauenbasilika) steht auf dem Grote Markt ein Denkmal des Eburonenfürsten Ambiorix, der sich 54 v. Chr. den Legionären Cäsars entgegenstellte. Die gotische Basilika mit dem unvollendeten Fassadenturm birgt herrliche »Dinanderien« (› S. 29; Osterleuchter und Adlerpult, 14. Jh.) sowie einen wertvollen Kirchenschatz. Auffällig ist

Turm der Onze-Lieve-Vrouwebasiliek in Tongeren

Tongerens Beginenhof mit seiner gotischen Kirche datiert aus dem 13. Jh.

ein Christuskopf (11. Jh.) mit befremdlichem, fast verächtlichem Gesichtsausdruck. An die Basilika schließt sich der romanische Kreuzgang an. Teil der römischen Stadtbefestigung aus dem 4. Jh. ist der **Römerturm.**

Außerhalb von Tongeren, beim Bilzensteenweg, sind weitere Reste der römischen **Stadtmauern** erhalten. In ganz Belgien konkurrenzlos sind die Sammlungen des **Gallo-Römischen Museums** (Di bis Fr 9–17, Sa, So 10–18 Uhr).

Shopping

Auf dem **Leopoldwall/Veemarkt** und in den **Eburonenhallen** kann man **den größten Flohmarkt Belgiens,** den **Antiek- en Brocantemarkt** erleben (jeden So 6–13 Uhr).

Info

Toerisme
Via Julianus 5][3700 Tongeren
Tel. 012/80 00 70
info@toerismetongeren.be

Unterkunft

Hotel Ambiotel
Veemarkt 2][3700 Tongeren
Tel. 012/26 29 50][www.ambiotel.be
Kleines, gut ausgestattetes Hotel (22 Zimmer) im Stadtzentrum, mit Bistro und Terrassencafé. ●●

Restaurant

Magis
Hemelingenstraat 23
Tel. 012/74 34 64
Gehobenes Lokal mit internationaler Küche in historischem Haus, großer Garten. Sa mittags geschl. ●●–●●●

Ausflug nach Alden Biesen

Der ehemalige Sitz des Deutschen Ritterordens liegt in Bilzen (12,5 km nördl. von Tongeren). Der aufwendig restaurierte Komplex mit einem Geschichtsmuseum lässt die einst herausragende Bedeutung des Ordens erahnen

(www.alden-biesen.be, Eintritt nur für Teilbereiche: Ostern bis Okt. tgl. 9–17, sonst 10–17 Uhr).

Dendermonde 11

Am Zusammenfluss von Dender und Schelde liegt Dendermonde (43 000 Einw.), das im Ersten Weltkrieg schwer zerstört wurde. Nur noch wenige historische Gebäude stehen am **Grote Markt**: das **Rathaus,** die ehemalige **Tuchhalle** und das **Fleischhaus** (heute Stadtmuseum). In der gotischen **Onze-Lieve-Vrouwekerk** mit romanischem Taufbecken hängen Gemälde des Rubens-Schülers van Dyck. Ein Blick in den **Beginenhof** (17. Jh.) – auch auf der Liste des Weltkulturerbes – an der Brusselsestraat lohnt sich.

Bayard, das Wunderross

Dendermonde nennt sich Stadt des Rosses Bayard. So hieß das sagenhaft starke Pferd der Haimonskinder, der vier Söhne des Grafen Haimon (Aymon) von Dordogne und seiner Frau Aja. Reinold, der älteste, erschlug im Streit einen Neffen Karls des Großen. Die Brüder flohen, wurden aber vom Kaiser verfolgt. Die Fehde konnte nur beigelegt werden, weil Reinold sein treues Pferd auf Karls Befehl in der Schelde ertränkte. Der nur alle zehn Jahre stattfindende Umzug einer riesigen Pferdefigur, die von vier Brüdern geritten wird, zählt zum UNESCO-Weltkulturerbe (nächster Termin 2020, www.rosbeiaard.be).

Aalst 12

Das Städtchen (77 000 Einw.) am Ufer der Dender liegt bereits in der offenen Landschaft Ostflanderns. Auf dem Grote Markt stehen das **Schepenhuis** (Schöffenhaus, 15. Jh.), ein elegantes Gebäude mit Teilen aus dem 13. Jh. und einem mächtigen **Belfried** (Glockenspiel mit 52 Glocken) sowie die **Beurs van Amsterdam** aus dem 17./18. Jh. Die hochgotische **Sint-Martinuskerk** wurde nie vollendet. Zu den Schätzen ihrer Innenausstattung zählen ein großes Rubensgemälde sowie ein Tabernakel von J. Duquesnoy d. Ä. aus schwarzem und weißem Marmor. Das **Oud-Hospitaal** unweit der Kirche bildet ein hübsches Backsteinensemble mit dem Städtischen Museum, das im ehemaligen Kreuzgang und in einer Kapelle Exponate zur Lokalgeschichte zeigt (Stedelijk Museum 't Gasthuys, Oude Vismarkt 13, Di–Fr 10–12, 13–17 Uhr, Sa, So 14–18 Uhr).

Info

Dienst voor Toerisme
Grote Markt][9300 Aalst
Tel. 0 53/73 22 70][www.aalst.be

Hotel

Best Western Premier Keizershof
Korte Nieuwstraat 15
Tel. 053/77 44 11
www.keizershof-hotel.com
Modernes schnörkelloses Best-Western-Hotel mit rund 80 Zimmern (darunter manche speziell für Allergiker), Fitnessraum, Sauna. ●●–●●●

Ost- und Westflandern

Nicht verpassen!

- Ein morgendlicher Spaziergang durch den Beginenhof Ten Wijngaarde in Brügge
- Kaufrausch auf dem Flohmarkt Zaandvesten in Brügge
- Ein Besuch beim Genter Altar
- Eine Fahrt mit der Küstentram von Knokke nach De Panne
- Eine Aufwartung beim anderen Manneken Pis in Geraardsbergen

Karte Seite 91

Zur Orientierung

Flandern, das brettebene Land, ist ein historisches Schatzkästchen. Hier befanden sich einst die Zentren des Welthandels: Gent und Brügge. Diese beiden Städte waren immens reich und mächtig, was man ihnen bis heute ansieht mit ihren herrlichen Kirchen, prächtigen Rathäusern, hoch aufragenden Belfrieden, stattlichen Zunfthallen und üppig geschmückten Bürgerhäusern. In Brügge hat sich die ganze Pracht wie unter einer Glasglocke erhalten, denn nach der Versandung des Hafens verfiel die einstige Weltstadt in einen Dornröschenschlaf, aus dem sie erst die Touristenscharen des 20. Jhs. weckten. Die von Grachten durchzogene Altstadt gilt als großartiges Beispiel spätmittelalterlichen Städtebaus und ist Weltkulturerbe.

Gent hütet zwar ebenfalls bedeutende Kunstschätze, doch außerhalb des mittelalterlichen Stadtkerns ist es mit der Zeit gegangen. Gent liegt inmitten des größten belgischen Obst-, Gemüse- und Blumenanbaugebiets und ist der wichtigste Umschlagplatz für diese Produkte. Am Zusammenfluss von Leie und Schelde gelegen, besitzt es den zweitgrößten Hafen des Landes. Als Universitätsstadt hat es eine höchst lebendige Kneipenszene.

Giebelhäuser am Grote Markt von Brügge

Der Reichtum beider Metropolen strahlte auch in die kleineren Städte aus und hinterließ dort hochkarätige architektonische und künstlerische Zeugnisse. Oudenaarde, Ieper und Kortrijk lohnen jeden Umweg, auch Geraardsbergen, Ronse und Veurne haben allerlei Sehenswertes zu bieten.

Nicht nur Kunstliebhaber kommen in Flandern auf ihre Kosten. Tourenradler und Wanderer finden an der hügeligen Landschaft der Flämischen Ardennen Vergnügen. Wer es gemütlicher schätzt, kann im platten Land Westflanderns durch idyllische Dörfer rollen und muss nur den Gegenwind scheuen.

Und dann die Nordseeküste: Auf 67 km reiht sich ein Badeort an den nächsten. Ein breiter Sandstrand, angenehme Temperaturen, unzählige Hotels, Pensionen, Campingplätze, Restaurants und Strandcafés, ein großes Freizeit- und Unterhaltungsangebot sowie ein Netz von Wanderwegen im breiten Dünengürtel bieten Erholung für jedermann. Quirlige Städtchen mit Hotelburgen wie Blankenberge und Middelkerke wechseln sich ab mit ruhigen Ferienorten mit hübschen Villen wie Bredene, De Haan und Wenduine. Schwimmen und Surfen sind nicht die einzigen Vergnügungen hier: De Panne ist das Paradies der Kitesurfer und Strandsegler.

Touren in der Region

Besuch in der Künstlerkolonie Leiestreek

⑪ Gent › Sint-Martens-Latem › Deurle › Deinze › Gent

Dauer: 1 Tag
Praktische Hinweise: Ausflugsboote ab Gent, Info über Zeiten und Preise bei Benelux Rederij NV, Recollettenlei 32, 9000 Gent, Tel. 09/2 25 15 05, www.benelux-rederij.com (nur Flämisch). Die Fahrt kann aber auch mit dem Auto gemacht werden. VVV & Toerisme Leiestreek, Emiel Clausplein 4, 9800 Deinze, Tel. 09/380 46 01, www.vvvleiestreek.be

Südlich von ***Gent › S. 93 wurde um die Wende zum 20. Jh. der belgische Expressionismus erfunden. Die Maler verließen ihre Ateliers und malten fortan in der zauberhaften Flusslandschaft der Leie. Die Künstlerkolonie um den Bildhauer George Minne (1866 bis 1941) und den Maler Constant Permeke (1886–1952) ließ sich in **Sint-Martens-Latem** nieder. Der Zauber der »Leiestreek« lässt sich am besten vom Wasser aus erkunden. Die Rundfahrt auf der Leie beginnt in Gent und lässt in Sint-Martens-Latem genügend Zeit für einen Besuch des Museums Gevaert-Minne (z. Zt. geschl.), oder eine Fahrt ins benachbarte **Deurle,** wo drei einschlägige Museen zu besichtigen sind. In **Deinze** lohnt das Museum van Deinze en de Leiestreek (L. Matthyslaan 3–5, Tel. 09/381 96 70, www.museumdeinze.be, Di–Fr 14–17.30, Sa, So 10–12, 14–17 Uhr).

Nicht zu vergessen schließlich **Schloss Ooidonk,** das Kenner an ein prächtiges Loire-Schloss erinnert (Ooidonkdreef, 9, 9800 Bachte-Maria-Leerne, Deinze, Tel. 09/282 35 70, www.ooidonk.be, So u. Fei 14–17.30 Uhr, Juli/Aug. auch Sa 14–17.30 Uhr; Park Di–So geöffnet).

Radtour von Brügge nach Blankenberge

⑫ Brügge › Damme › Ter Doest › Lissewege › Blankenberge › Wenduine › De Haan › Oostende › Oudenburg › Jabbeke › Brügge

Dauer: 2 Tage
Praktische Hinweise: Fahrradverleih am Bahnhof in Brügge, Schalter 3 (»trein en fiets«), 9,50 €/Tag (ab 14 Uhr 6,50 €); viele Hotels verleihen Räder an ihre Gäste; Strecke: 105 km. Informationen über die belgische Küste finden sich unter www.dekust.be.

Erster Etappenpunkt dieser Radtour von Brügge zur Küste ist die schöne alte Stadt **Damme** › S. 104. Über Lapscheure, Oostkerke und Dudzele erreicht man **Ter Doest,** wo eine gewaltige Zehntscheune aus dem 13. Jh. einst die Abgaben der Bauern an das dortige bedeutende Zisterzienserkloster aufnahm. Nicht zu verfehlen ist das Polderdorf **Lissewege:** Der hohe Turm der gotischen Liebfrauenkirche erlaubt einen weiten Blick über das Land. Im lebhaften Küstenort **Blankenberge** › S. 104 ist es aus mit der Ruhe der Polderlandschaft. Wem es hier zu lebhaft ist, der findet eine passende Unterkunft in **Wenduine**, in einer der weißen Villen von **De Haan** › S. 104 oder im Familienseebad **Bredene**, dessen flache Strände eine mehr als 4 km lange Dünenzone säumt.

Anderntags ist ein Abstecher ins nur wenige Kilometer entfernte **Oostende** › S. 105 unvermeidlich, und wäre es nur für einen Besuch des Visserskaai und der Vistrap, wo es wunderbare Aal-, Krabben- und Matjesbrötchen gibt. Über die Gemeinden Oudenburg, Ettelgem und Jabbeke führt der Rückweg dann wieder nach ***__Brügge__ › S. 97.

Durchs »Platte Land« an der Ijzer

13 Veurne › Diksmuide › Vladslo › Ieper › Poperinge › Veurne

Dauer: 1 Tag
Praktische Hinweise: Die Tour unternimmt man am besten mit dem Auto. Infos auf der Webseite www.flandern. com/ Urlaub--im--Gruenen/ Provinz--Westflandern

Eine Rundfahrt durch den westlichsten Winkel Flanderns, den »Westhoek«, führt durch eine Gegend, die vom Getriebe des übrigen Landes eher abgeschirmt scheint. Das war nicht immer so: Während des Zweiten Weltkriegs tobte hier über Jahre ein erbitterter Stellungskrieg, von dem viele Friedhöfe zeugen. Heute vermittelt die weite Landschaft mit den vielen Kanälen, den saftigen Weiden und blitzsauberen Bauernhäuschen ein Bild des Friedens.

Von **Veurne** › S. 105, einem freundlichen Markflecken hinter der Küste, geht es nach **Diksmuide,** wo der Ijzerturm eine grandiose Aussicht bietet. Ein Stück weiter zieht der begehbare Rest eines Schützengrabens, der »Dodengang«, viele Besucher an. Im Deutschen Soldatenfriedhof von **Vladslo** steht eine ergreifende Plastik der Künstlerin Käthe Kollwitz: Ihr Sohn Peter liegt hier begraben. **Ieper** › S. 106 prunkt mit einer Tuchhalle – der Reichtum der flandrischen Kaufleute ist hier besonders sinnfällig. Bierliebhaber sollten auf keinen Fall einen Abstecher nach **Poperinge** verpassen. Hier dreht sich alles um den Hopfen. Es gibt ein Hopfenmuseum, ein jährliches Bierfest, mit Bier angereicherte Gerichte in den Restaurants und im Frühjahr eine ganz besondere Delikatesse: Hopfensprossen.

7 Eine Fahrt mit der Küstentram

Belgien ist das einzige Land, in dem man mit der Straßenbahn die gesamte Küste abfahren kann. 70 Haltestellen sorgen dafür, dass man überall aussteigen kann, wo es interessant ist. Empfohlene Stationen sind **Knokke** › S. 104 mit seinem berühmten Kasino im Art-déco-Stil, **De Haan,** das ganz im Stil der Belle Époque gehalten ist, **Oostende** › S. 105, wo nicht nur der Dreimaster »Mercator« seemännisches Flair versprüht, **Nieuwpoort** mit seiner Arbeitsatmosphäre und schließlich **De Panne,** das sich der breitesten Strände rühmen kann.

Nonstop dauert die Fahrt etwa zweieinhalb Stunden (Frequenz: alle 15 Min., Tageskarte 5 €, www.dekusttram.be).

Wichtige Adresse

Fremdenverkehrsamt der Provinz Ostflandern (Toerisme Oost-Vlaanderen), Sint-Niklaasstraat 2, 9000 Gent, Tel. 09/ 269 26 00, www.tov.be (nur Flämisch), www.flandern.com

Karte Seite 94

Unterwegs in der Region

***Gent 1

Gent (233 000 Einw.) ist historische Kunst- und moderne Großstadt zugleich. Die reizvollsten Bauwerke konzentrieren sich im historischen Stadtkern am rechten Ufer der Leie zwischen Grafenburg und Kathedrale.

*Sint-Baafskathedraal A

Mit dem Bau der dreischiffigen Kathedrale wurde 1228 begonnen. Mitte des 14. Jhs. wurde der Chor fertig gestellt; zwei Jahrhunderte später folgten der 80 m hohe Turm, Langhaus und Querschiff. Zur grandiosen Barockausstattung des Innenraums gehören eine geschnitzte Holzkanzel (1745) von Delvaux und Rubens' Bild »Eintritt des hl. Bavo ins Kloster«. Der **Kirchenschatz** ist in der Krypta ausgestellt (www.sintbaafskathedraal-gent.be).

8 Mit dem monumentalen ***Genter Altar** (1420 bis 1432) der Brüder Hubert und Jan van Eyck birgt die Sint-Baafskathedral ein Kunstwerk von Weltrang: Auf 3,75 mal 5,20 m (in ausgeklapptem Zustand) zeigt der Flügelaltar die »Anbetung des Lammes« sowie Christus als Weltenherrscher, begleitet von Maria und Johannes, Adam und Eva sowie einem überirdisch schönen Engelschor (Besichti-

Aus der Stadtgeschichte

Der Freiheitsdrang ihrer Bürger bestimmte seit dem späten Mittelalter die Geschichte der Stadt. 1448 bekriegten die Genter Philipp den Guten von Burgund, weil er die Steuern für Salz und Getreide erhöht hatte. 1539 lehnten sie sich gegen Kaiser Karl V. auf, als er ihre Privilegien verletzte. Meist waren die Genter jedoch die Verlierer und bezahlten ihren Stolz teuer. Die Leinenweberei und die Weiterverarbeitung englischer Wolle hatten hier seit dem Mittelalter Tradition. Im 19. Jh. verlegten sich die Genter auf die Baumwollindustrie.

Die gotische Sint-Baafskathedraal

Karte Seite 94

gung: Kernzeiten Mo–Sa 10.30 bis 16, So 13–16 Uhr).

Belfried B

Echt gut!

Den Turm der Kathedrale überragt der **Belfried, Machtsymbol des Bürgertums,** mit einem **Glockenspiel**. Der Drache auf der Spitze steht für die Kampfeslust der Genter. In der angeschlossenen **Lakenhal** (15. Jh.) wurden Tuche gelagert und verkauft.

Stadhuis C

Das Rathaus an der Westseite des Botermarkts wurde in der Spätgotik begonnen, gilt aber, bedingt durch die lange Bauzeit, als eine architektonische Glanzleistung der Renaissance (geführte Touren, Mai–Nov. Mo–Do 14.30 Uhr, www.gidsenbond-gent.be).

St.-Niklaaskerk D

Im 13. Jh. erbaut, ist die eindrucksvolle Nikolauskirche mit ihrem von vier Ecktürmen flankierten Vierungsturm ein typisches Beispiel für die Scheldegotik. An der Kleinen Turkije stehen prächtige Bürgerhäuser. Der sich anschließende **Korenmarkt** wird von Straßencafés und Restaurants gesäumt.

Karte Seite 94

Historischer Stadtkern mit Zunfthäusern am Ufer der Leie

St.-Michielskerk E

Erkennungszeichen des 1440 begonnenen und 1648 im Stil der Brabanter Gotik fertig gestellten Baus ist der unvollendete Turm. Chor- und Seitenkapellen verstärken das wuchtige Erscheinungsbild. Im Inneren ist das Gemälde »Kreuzigung Christi« (1630) von Anthonis van Dyck sehenswert.

**Koren- und Graslei F

Eine Treppe führt von der Sint-Michielsbrug zur Korenlei hinunter. Von dort aus hat man den schönsten Blick auf die Kaimauer der Graslei gegenüber. **Die Reihe prachtvoller Giebelhäuser** symbolisiert Macht und Unternehmungsgeist ihrer Erbauer. Links neben dem neugotischen Postgebäude (1903) steht das **Haus der freien Binnenschiffer** im Stil der Brabanter Gotik (1531), daneben das spätbarocke **Haus der Getreidemesser** (1698). Pro Meter Höhe neigt sich die Fassade des fast 800 Jahre alten romanischen Getreidespeichers um einen Zentimeter aus dem Lot nach vorne. Diese Bauweise erleichterte das Hochhieven der Säcke per Kran.

Groot Vleeshuis G

Über die Grasbrug (Schiffsanlegestelle) gelangt man zur Großen Fleischhalle (1406–1410), heute eine **Markthalle mit Genter Spezialitäten,** z.B. Käse, Marmeladen und Schinken (Di–So 10–18 Uhr, www.grootvleeshuis.be). In den *Penshuizekens* (Vormagenhäuschen) versorgten sich die Armen mit Innereien.

Das nahe **Designmuseum** zeigt Gestaltungskunst von Jugendstil über Art déco bis in die heutige Zeit (Jan Breydelstraat 5, Di–So 10–18 Uhr).

Gravensteen H

Die Grafenburg aus dem 12. Jh. erlebte blutige Kämpfe zwischen den Bürgern der freien Stadt Gent und den Territorialherren. Später diente die Burg als Kerker und als Sitz des Gerichts (April–Sept. 9–18, sonst 9–17 Uhr).

Patershol

Westlich der Kraanlei schließt sich das ehemalige Gerberviertel Patershol an. Jetzt findet man hier Kunsthandwerker, Antiquitätenhändler, Restaurants und Boutiquen. In 18 flämischen Häuschen, einst Kinderhospiz, widmet sich das **Museum Huis van Alijn** I den Themen Film, Sprachen, (Alltags-)Kultur und Volkskunde (Di–Sa 11–17, So ab 10 Uhr).

Vrijdagmarkt J

Am Grootkanonplein befindet sich die 15 Tonnen-Kanone »Dulle Griet«, Beutestück im Krieg gegen die Burgunder. Der **Vrijdagmarkt** ist das Zentrum der Stadt. Seine Nordwestseite überragt das **Ons Huis**, Sitz der Sozialistischen Arbeitervereinigung.

Im Turm des **Toreken** (1460), Zunfthaus der Gerber, tagte die Abnahmekommission der Leinenweber. Stücke schlechter Qualität wurden zur Schande des Webers öffentlich ausgestellt.

Im Citadelpark K

Das ***Museum voor Schone Kunsten** zeigt Kunst des 14. bis 20. Jhs., darunter Werke von Rubens, van Dyck, Bosch, Pourbus und Frans Hals (Di–So 10–18 Uhr, www.mskgent.be).

Eine bedeutende Sammlung zeitgenössischer Kunst belgischer und internationaler Größen besitzt das **S.M.A.K., Stedelijk Museum voor Actuele Kunst** (Di–So 10–18 Uhr; www.smak.be).

*Beginenhöfe

Neben dem **Oud-Begijnhof** aus dem 13. Jh. an der St.-Elisabethkirche westlich des Gravensteen gibt es zwei Beginenhöfe jüngeren Datums: die barocke Anlage des **Klein Begijnhof** L (17./18. Jh.) und außerhalb des Stadtkerns den Großen Beginenhof (1872) in St.-Amandsberg.

Info

Dienst voor Toerisme
Belfort][Botermarkt 17A
9000 Gent][Tel. 09/266 56 60
www.visitgent.be

Hotels

Ghent River Hotel
Waaistraat 5][Tel. 09/266 10 10
www.ghent-river-hotel.be
Moderner Komfort in zwei historischen Gebäuden aus dem 16. und 19. Jh. direkt am Leie-Ufer. ●●●

Erasmus
Poel 25][Tel. 09/224 21 95
www.erasmushotel.be
Stilvoll-individuell eingerichtete Zimmer in der Altstadt; mit Garten. ●●

Limited Co Hotel
Hoogstraat 60][Tel. 09/225 14 95
www.limited-co.be
5 loftige Zimmer mit Gartenblick und W-LAN in modern-freundlichem Haus, 5 Min. vom Altstadtkern. ●–●●

Restaurants

Chez Leontine
Groentenmarkt 10][Tel. 09/225 92 56
www.waterhuisaandebierkant.be

Karte Seite 99

Gemütliches Lokal mit typisch belgischen Speisen in üppigen Portionen. So, Mo 12–15, Do–Sa 12–22 Uhr. ●●

■ **C'est Fou**

Groot-Britannielaan 51

Tel. 09/233 32 20

Modernes Ambiente, kreative Küche, Snacks und Vegetarisches. Mo–Fr 11–14, 18.30–22, Sa 18.30–23 Uhr. ●–●●

Nightlife

Cafe Vooruit

Sint-Pietersnieuwstraat 23

Tel. 09/267 28 48

Große, angenehme Kneipe im Kulturzentrum Vooruit. Mo–Do 11.30–1, Fr, Sa 11.30–2, So 14–1 Uhr.

***Brügge 2

Von den Bausünden der Neuzeit blieb Brügge (118 000 Einw.) weitgehend verschont und bewahrte sein unvergleichlich harmonisches Stadtbild, das dank des Tourismus zum wichtigsten Wirtschaftsfaktor der Stadt geworden ist.

Unbedingt zu empfehlen ist eine **Grachtenfahrt durch die Innenstadt** (Abfahrtsstellen im Zentrum; Dauer ca. 30 Min.). Ebenfalls einen Besuch wert ist der **Zandfeesten Brügge, Flanderns größter Antiquitäten- und Flohmarkt,** der Anf. Juli, Anf. Aug. und Ende Sept. auf dem Platz t'Zand stattfindet (Termine: Tel. 050/34 17 36).

Elegante Kragen, Borten und Tischdecken, von Heimarbeiterinnen handgeklöppelt, waren über Jahrhunderte ein Exportschlager aus Brügge. Im **Kantjuweeltje,** Philip Stockstraat 11, kann man täglich um 15 Uhr beim Klöppeln zuschauen.

*Grote Markt A

Das ***historische Zentrum steht seit 2000 auf der Weltkulturerbeliste. Der **Grote Markt** ist der Brennpunkt der Stadtgeschichte. Hier steht der **Belfried,** Symbol städtischer Unabhängigkeit. Der untere Teil des 83 m hohen Turms stammt aus dem 13. Jh., die achteckige Krone wurde erst 200 Jahre später aufgesetzt. Auf Höhe der obersten Besucherterrasse hängen die 50 Glocken des stündlich erklingenden Glockenspiels. Ebenfalls im 13. Jh. entstand die gewaltige **Lakenhalle** (Tuchhalle).

Der Grote Markt in Brügge

In der Nähe der Poortersloge dokumentiert das **Museum Choco-Story** die Geschichte der Schokolade und bietet Rezepte sowie einen Shop (Wijnzakstraat 2, tgl. 10–17 Uhr, www.choco-story.be).

Burgplatz B

Hier stehen einige der bedetendsten Gebäude Brügges: Das kunstreiche **Stadhuis** (1376 bis 1420) besitzt einen prunkvollen Ratssaal mit reich geschnitzter Holzdecke und Wandmalereien mit Motiven aus der Stadtgeschichte.

Die **Heiligbloedkapel** wurde für die Heiligblutreliquie errichtet, die der flandrische Graf Dietrich von Elsass 1150 von einem Kreuzzug mitbrachte. Aus dieser Zeit stammt der untere, romanische Teil der Wallfahrtskirche, der obere zeigt den Übergang von Spätgotik zu Renaissance. Die Heiligblutprozession am Himmelfahrtstag ist der bedeutendste Festtag im Kalender der Stadt.

Den modernen **Pavillon, eine transparente Komposition aus Glas, Wasser und Aluminium,** baute Toyo Ito, als Brügge 2002 Kulturhauptstadt war.

Altes Welthandeslzentrum

Als Graf Balduin I. von Flandern die Stadt im 9. Jh. gründete, liefen am Zwin die Wege des Ostseehandels der deutschen Hanse, des venezianischen Orienthandels und des Wollhandels mit England zusammen. Brügge war bald neben Venedig die reichste Stadt der Welt. Die Herzöge von Burgund hielten prunkvoll Hof. Die Versandung des Zwin leitete den wirtschaftlichen Niedergang ein. Brügge fiel fast 400 Jahre in Bedeutungslosigkeit. Trotz des neuen Hafens bei Zeebrügge gelang der Anschluss an das Industriezeitalter nur zögernd.

Huidenvettersplein C

Der Tordurchgang in der ehemaligen Stadtkanzlei mit vergoldeten Säulen, führt über die Eselsbrücke (Blindenezelbrug), zum Huidenvettersplein im früheren Gerberviertel. Reliefs an der Fassade des Zunfthauses zeigen Szenen aus dem Gerberhandwerk.

Entlang dem Rozenhoedkai gelangt man zum platzartig erweiterten Kanalufer, dem Dijver, unter dessen Bäumen an Wochenenden ein **Flohmarkt** stattfindet (Mitte März–Mitte Nov. Sa, So, Fei 10–18 Uhr, Juli/Aug. zusätzlich Fr 10–18 Uhr).

**Groeninge-Museum D

Schöne Künste präsentiert dieses **Stedelijk Museum voor Schone Kunsten** in einer modernen Galerie und vor allem in seiner wertvollen Sammlung früher niederländischer Malerei mit Werken u.a. von Hans Memling, Jan van Eyck und Rogier van der Weyden (Dijver 12; Di–So 9.30–17 Uhr).

*Gruuthusepalais E

Am Dijver steht in einem Innenhof mit efeuüberwachsenen Gebäuden das Palais aus dem 15. Jh.

Karte Seite 99

In dem prächtigen Bau präsentiert das **Museum** Alltagsgegenstände aus 400 Jahren. Ein architektonisches Kleinod ist die Privatkapelle, von der die Bewohner an der Messe im Chor der benachbarten Kirche teilnahmen (Dijver 17; ab Okt. 2011 wegen Umbauarbeiten nur eingeschränkt geöffnet).

Onze-Lieve-Vrouwekerk F

Die gotische Hallenkirche mit dem ungewöhnlich hohen Turm (122 m) birgt im Inneren bedeutende Kunstschätze. Sie besitzt mit **Michelangelos Brügger Madonna (1503)** Echt gut! das einzige Werk, das zu Lebzeiten des Künstlers über die Alpen gelangte. Im Chor der Kirche stehen die ***Sarkophage** Marias von Burgund und ihres Vaters, Karls des Kühnen, Herzog von Burgund (1433–1477).

Sint-Jans-Spital G

Der Gebäudekomplex gilt als eines der ältesten Krankenhäuser Europas. Er wurde schon im 12. Jh. gegründet und war bis weit ins 20. Jh. in Betrieb. Renoviert und von jungen Leuten aus aller

Welt belebt, ist der im 19. Jh. angefügte Bauteil nun ein Event- und Kongresszentrum samt Café und gemütlicher Sonnenterrasse.

**Memling-Museum

In der Spitalkapelle hat das Memling-Museum seinen Platz. Hans Memling, ein Deutscher, kam etwa 1465 nach Brügge und war bis zu seinem Tod 1494 als Stadtmaler tätig. Wegen ihrer ausdrucksvollen und volksnahen Darstellungen erfreuten sich seine Arbeiten großer Beliebtheit. Sechs seiner Hauptwerke sind hier zu bewundern, so der **Ursula-Schrein**, der auf Miniaturgemälden die Legende der Heiligen darstellt, und das Altarwerk **Die mystische Vermählung der hl. Katharina** (Di–So 9.30–17 Uhr).

 **Begijnhof Ten Wijngaarde Ⓗ

Über die Wijngaardstraat gelangt man zum mit Pappeln bestandenen Beginenhof (13. Jh.), der sich hinter einem barocken Tor öffnet. Ein kleines Museum gibt Einblick in den Alltag der Beginen › S. 102. Vom Schleusenhaus am Wijngaardplaats aus wird der Wasserstand der Stadtkanäle reguliert.

St.-Salvatorskathedraal Ⓘ

Schießscharten zeigen, dass der im unteren Teil romanische Turm (12. Jh.) der ältesten Pfarrkirche Brügges zur Verteidigung genutzt wurde, der obere Teil wurde erst im 19. Jh. fertig gestellt. Hauptschiff und Chor sind im Stil der frühen Gotik erbaut, das Chorgestühl trägt das Wappen der Ritter vom Goldenen Vlies, die hier 1478 ihre erste Sitzung abhielten.

Hanseatisches Brügge

Das **Haus der Genuesen** Ⓙ (1399) erinnert an die internationalen Handelsbeziehungen Brüg-

Die schönsten Beginenhöfe

Belgiens Beginenhöfe zählen seit 1998 zum UNESCO-Weltkulturerbe. In vielen informieren Museen über das Leben der frommen Frauen.

- **Brügge:** Der berühmteste Hof hat seine Romantik bewahrt. › S. 103
- **Turnhout:** Prozessionen halten hier die Tradition hoch. › S. 72
- **Mechelen:** Der Kleine und der Große Beginenhof sind gleichermaßen gut erhalten. › S. 79
- **Lier:** Der älteste und auch einer der größten Höfe des Landes. Felix Timmermans hat ihn literarisch verewigt. › S. 81
- **Leuven:** Der stattliche Hof ist heute Studentenwohnheim. › S. 82
- **Diest:** Besonders bemerkenswert: Das barocke Portal. › S. 83
- **Sint-Truiden:** Diese Anlage besitzt eine der schönsten Beginenhofkirchen. › S. 85
- **Tongeren:** Hier sind viele gotische Giebelhäuschen erhalten. › S. 86
- **Dendermonde:** Zur Erhaltung des Hofes wird jedes Jahr (letztes Augustwochenende) ein Beginenfest abgehalten. › S. 87
- **Kortrijk:** Hier kann man sogar übernachten › S. 107.

Karte Seite 99

Das Sint-Jans-Spital beherbergt das Memling-Museum

ges. Auch das stolze Haus der Kaufmannsfamilie **van der Beurse** aus dem 15. Jh. steht in der Vlamingstraat (Nr. 35). Der florierende Handel und die lukrativen Geldgeschäfte, die in und vor diesem Haus getätigt wurden, brachten es mit sich, dass sich die Bezeichnung Börse (niederländisch »beurs« = Geldbeutel) als Synonym für solche Geschäfte einbürgerte.

Info

Toerisme Brugge
Concertgebouw]['t Zaand 34
8000 Brugge][Tel. 050/44 46 46
www.brugge.be

Hotels

■ **De Castillion**
Heilige-Geeststraat 1
Tel. 050/34 30 01][www.castillion.be
Restauriertes Bischofspalais bei St. Salvator mit Art-déco-Salon, begrünter Terrasse und Gourmetrestaurant. ●●●

■ **Martin's Orangerie**
Kartuizerinnenstraat 10
Tel. 050/34 16 49
www.martins-hotels.com
Helles, schlicht-elegantes, mit Weinlaub beranktes 20-Zimmer-Hotel; Sonnenterrasse direkt am Wasser und Kaminzimmer. ●●●

■ **Egmond**
Minnewater 15][Tel. 050/34 14 45
www.egmond.be
Im flämischen Stil des 18. Jhs. eingerichtetes Hotel (8 Zimmer) neben dem Beginenhof; Blick auf Garten und Minnewaterpark. ●●

Restaurants

■ **De Karmeliet**
Langestraat 19][Tel. 050/33 82 59
www.dekarmeliet.be
Französische Küche mit 3 Michelin-Sternen. So, Mo geschl. ●●●

■ **Maximilian van Oostenrijk**
Wijngaardplein 16][Tel. 050/33 47 23
Gute französisch-belgische Küche direkt am Wasser und in der Nähe des Beginenhofs. Mi geschl. ●

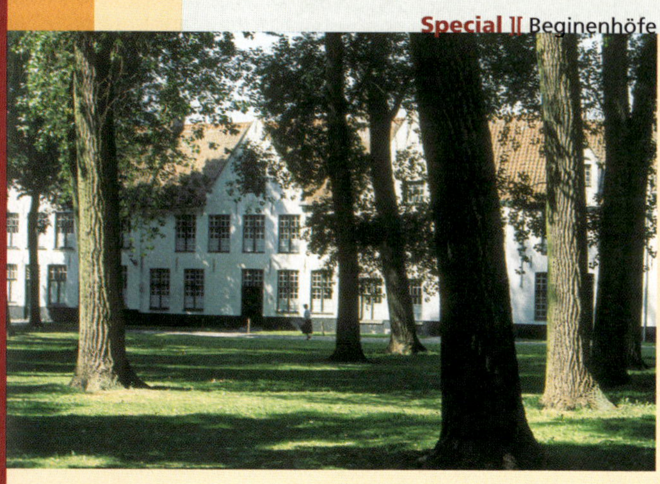

Special

Stille Welt der frommen Frauen

Ab dem Ende des 12. Jhs. entwickelte sich in den katholischen Regionen der Niederen Lande diese spezielle Form der Wohn- und Lebensgemeinschaften.

Drohte die Heirat mit einem ungeliebten Mann, reichte der Familienbesitz nicht für die Mitgift oder war der Ehemann schon früh verstorben, gab es für Frauen im Mittelalter eine Alternative: Kloster oder Beginenhof. Im Gegensatz zu den Nonnen legten die gläubigen und keusch lebenden Beginen jedoch kein Armutsgelübde ab, wählten ihre Grande Dame demokratisch und konnten jederzeit wieder austreten. So viel weibliche Selbstständigkeit war der katholischen Kirche ein Dorn im Auge. Deshalb wurden die Beginen oft als Ketzerinnen diffamiert. Heute gibt es nur noch wenige Beginen, die meisten Wohnhöfe wurden zu Altersheimen umfunktioniert. Im Großen Beginenhof von Leuven wohnen Professoren und Studenten – die Beginenhöfe sind beliebte Wohnadressen.

Ten Wijngaarde – fürstlicher Hof in Brügge

Pappeln rauschen leise im Wind vor den weißen Häusern jenseits der Dijverbrücke. Vor den Sprossenfenstern drängen sich neugierige Besucher, um einen Blick auf die Benediktinerinnen zu werfen, die ihren täglichen Aufgaben nachgehen. Ora et labora – bete und arbeite –, die Ordensregel des hl. Benedikt, bestimmt seit 1930, nach dem Tod der letzten Begine, den Tagesablauf in Ten Wijngaarde (Zum Weingarten).

Den berühmtesten Beginenhof Belgiens › S. 100 stiftete die flandrische Gräfin Johanna von Konstantinopel im 13. Jh. Die Bauten stammen aus dem 17. Jh.

Ten Wijngaarde

tgl. 6.30–18 Uhr, Eintritt frei

Stift von Lier

Ein ganzes Viertel mit malerischen Gassen und idyllischen Hausgärten umfasst dieses große Stift › S. 81. Hinter dem schmucken Barockportal liegen 150 Wohnungen. Die Häuser tragen so fantasievolle Namen wie Weinberg des Herrn oder Stall von Bethlehem. Zauberhaft ist die Stimmung an einem spätsommerlichen Nachmittag, wenn die letzten Sonnenstrahlen die Fassaden in ein warmes Rotgelb tauchen und sich so manche Katze auf dem Fensterbrett räkelt.

Begijnhof

Zimmerplein][2500 Lier

Hof der Stille

Nicht immer verlief das Leben der frommen Frauen ohne Spannungen mit der Obrigkeit. In der Tuchmacherstadt Dendermonde › S. 87 ist verbürgt, dass einige Beginen im Hof der Stille ihrer Anlage mit so viel Enthusiasmus Schlagball spielten, dass diese sportliche Betätigung im 16. Jh. von Fürst Philipp dem Guten von Burgund kurzerhand verboten wurde. Heute ist der etwas versteckt liegende Beginenhof Alexius ein Ort der Besinnung in der flandrischen Stadt.

Beginenhof Alexius

Brusselstraat][9200 Dendermonde

Bürgerinitiative Het Convent

Um den 1380 gegründeten Beginenhof von Hoogstraaten südlich von Breda an der A 1, Ausfahrt Leonhout, vor dem Verfall bzw. vor dem Abriss durch Bauspekulanten zu retten, griffen die Bewohner 1991 selbst zur Maurerkelle. Inzwischen haben sie ihre 37 Häuschen liebevoll restauriert und erhielten dafür mehrere Denkmalschutzpreise.

■ **Het Convent**

Begijnhof 40][2320 Hoogstraten

www.hetconvent.be

■ **Toerisme Hoogstraten**

Tel. 03/3 40 19 55

Buch-Tipp Die beiden gleichnamigen Sachbücher **Die Beginen,** das eine von Gertrud Hofmann und Werner Krebber (Topos plus, 2008), das andere von Helga Unger (Herder, 2005, z. Zt. nur antiquarisch), bieten fundierte Informationen zu der mittelalterlichen Frauenbewegung.

An der Küste

Damme 3

Als der Zwin anfing zu versanden, wurde die Stadt zum Außenhafen für Brügge. Das gotische **Rathaus** am Marktplatz und die gewaltige **Onze-Lieve-Vrouwekerk** (13. Jh.) legen davon Zeugnis ab. Sehenswert ist das **Uilenspiegelmuseum** im Besucherzentrum. Till Eulenspiegel, Held im Kampf gegen die spanischen Besatzer, ist der Legende nach in Damme geboren.

Knokke-Heist 4

In dem mondänen Seebad (34 000 Einw.) lohnen vor allem das Villenviertel **Het Zoute** und das von Magritte ausgemalte **Kasino** einen Besuch.

Die Windmühle von Damme

Auf der verlandeten Mündung des Zwin östlich von Knokke liegt das Vogelschutzgebiet **Het Zwin** (125 ha), in dem sich zu allen Jahreszeiten tausende von Vögeln aufhalten. Besonders eindrucksvoll ist der Park, wenn die Zugvögel hier Station machen (Zugang tgl. ab 9 Uhr, Führungen So/Do 10 Uhr, Tel. 050/60 70 86).

Info

Tourismus Knokke-Heist
Zeedijk-Knokke 660
8300 Knokke-Heist][Tel. 050/63 03 80
www.knokke-heist.info

Hotels

■ **Des Nations**
Zeedijk Zoute 704][Tel. 050/61 99 11
www.hoteldesnations.be
6 geschmackvoll-schlicht eingerichtete Zimmer und Suiten in einem nüchternen Bau an der Promenade. ●●●

■ **Memlinc Palace**
Albertplein 23][Tel. 050/60 11 34
www.memlinc.be
Größeres Meerblickhotel von 1923 in englisch-normannischem Stil. ●●●

Badeorte bis Oostende

Zwischen Knokke und Oostende reiht sich ein Badeort an den anderen: **Blankenberge** 5 hat ein reges Zentrum mit winzigem Rathaus, einen Jachthafen, dessen Treiben man von der langen Reihe überdachter Sitzplätze des »Paravang« aus verfolgen kann, und eine trubelige Strandpromenade, komplett mit Pier und Pavillon.

Als Familienbad geschätzt wird **Wenduine**, und das anmutige **De Haan** entfaltet mit seinen Strand-

hotels und Villen im Stil der Belle Époque nostalgischen Charme, ohne angestaubt zu wirken.

Hotels

■ **Canteklaar**
Leopoldlaan 4][8420 De Haan
Tel. 059/27 99 45
www.hotel-canteklaar.be
Romantische Villa im Ortszentrum. ●

■ **B&B Stella Maris**
Memlinglaan 11][8420 De Haan
Tel. 059/23 56 69
www.stellamaris.be
Familiäre Backsteinvilla, 3 Zimmer. ●

Oostende 6

Oostende (69 000 Einw.) besitzt einen Fischerei-, Passagier- und Handelshafen. Am **Visserskaai** mit vielen Lokalen und Fischständen sind das **Nordsee-Aquarium**, der alte **Islandfahrer Amandine** › S. 17 und der **Dreimaster Mercator** (beide Schifffahrtsmuseen) zu besichtigen. Ein Wegbereiter des Expressionismus und Surrealismus, James S. Ensor (1860–1949), wohnte im **James-Ensor-Haus** (Museum; Vlaanderenstraat, tgl. außer Di 10–12, 14–17 Uhr).

Info

Toerisme Oostende
Monacoplein 2][8400 Oostende
Tel. 059/70 11 99
www.visitoostende.be

Hotels

■ **Pacific**
Hofstaat 11][Tel. 059/70 15 07
www.pacifichotel.com
Komfortables Hotel, ruhig in Zentrumsnähe, mit Bar und Sauna. ●●

■ **Europe**
Kapucijnenstraat 52
Tel. 059/70 10 12
www.europehotel.be
Ruhige Lage im Zentrum, Restaurant. Strand in nächster Nähe. ●●

Restaurant

De Mosselbeurs
Dwarsstraat 10][Tel. 059/80 73 10
www.demosselbeurs.be
Der beste Tipp für Muschelliebhaber: Mehr als ein Dutzend Muschelgerichte, aber auch Fisch und Fleisch. Mi–So 12–14, 18–22 Uhr. ●●

Veurne 7

Veurne (11 500 Einw.) ist einer der hübschesten Orte Flanderns. Verspielt wirkt der **Grote Markt** mit den zweistöckigen Giebelhäusern im flämischen Renaissancestil. Doppelgiebelfront, Treppenturm und Loggia kennzeichnen das **Stadhuis**. An der Ecke Grote Markt/Ooststraat ragt der **Spanische Pavillon** auf, ein festungsartiger Bau, der im 17. Jh. den Besatzern als Stabsquartier diente. Die **Alte Fleischhalle** wird heute als Stadtbibliothek genutzt. Das **Haus der Stadtwache** lockert den Platz mit seinen hübschen Arkaden auf. Das Ensemble wird beherrscht vom Backsteinturm (13. Jh.) der **St.-Niklaaskerk** am Appelmarkt. Die **St.-Walburgakerk** hinter dem Rathaus blieb unvollendet. Ihr Portalbau steht als Symbol des Scheiterns nutzlos einige Meter seitab. Hier beginnt am letzten Sonntag im Juli die eindrucksvolle Büßerprozession.

Am Grote Markt in Ieper

Info

Dienst voor Toerisme
Grote Markt 29][8630 Veurne
Tel. 058/33 55 31

Ieper 8

Im späten Mittelalter war Ieper (Ypern; heute 35 000 Einw.) eine der bedeutendsten Städte Flanderns. Im 1. Weltkrieg fast völlig zerstört, wurde sie nach Originalplänen wieder aufgebaut.

Am Grote Markt beeindruckt die 132 m lange frühgotische Sandsteinfassade der **Tuchhalle,** die der **Belfried** (70 m) überragt. Rechts daneben bleibt der Blick am Anbau mit der eleganten Renaissancefassade, dem **Nieuwerk** (17. Jh.), hängen. Hier ist das »Erinnerungsmuseum« zum Ersten Weltkrieg untergebracht.

Seit 926 feiert man in Ieper das Katzenfest. Dabei wurden früher lebendige Katzen als Symbole des Teufels vom Belfried geworfen. Heute erfüllen Plüschtiere diesen Zweck. Nächster Termin: zweiter Sonntag im Mai 2011.

Kortrijk 9

Die lebhafte Dienstleistungs- und Industriestadt an der Leie (73 600 Einw.) datiert aus römischer Zeit. Im Mittelalter brachten Damastwebereien Wohlstand. Den Grote Markt im Zentrum überragen der gotische **Belfried** (1300) und das gotische **Rathaus** mit zwei eleganten Renaissancekaminen. Ein Blickfang abseits des Markts ist die gotische **Sint-Maartenskerk** mit ihrem mächtigen Westturm. Gar nicht weit davon liegt der **romantische *Begijnhof** (13. Jh.) und etwas weiter die **Onze-Lieve-Vrouwekerk,** die hochrangige Kunstwerke birgt: die Kapelle der Grafen von Flandern mit der fein gearbeiteten Alabasterstatue der hl. Katharina und im linken Querschiff van Dycks »Kreuzaufrichtung« (1631). Die beiden **Broeltoren** an der Leie sind Reste der burgundischen Befestigung.

Info

Dienst Toerisme
Begijnhofpark][8500 Kortrijk
Tel. 056/27 78 40
www.kortrijk.be/toerisme

Im Heuveland

Südlich von Ieper erheben sich ein paar »Berge«. Der bekannteste ist der Kemmelberg (156 m), den ein Aussichtsturm krönt. Wander- und Radwege durchziehen die Gegend, und es gibt sogar eine Seilbahn: Sie führt vom Gipfel des Rode Berg auf den Gipfel des Zwarte Berg.

Hotels

Sandton Hotel Broel
Broelkaai 8][Tel. 056/21 83 51
www.sandton.eu/nl/kortrijk
Elegantes Hotel am Broelturm: 70 Zimmer, Pool, Sauna, Solarium. ●●–●●●

Groeninge
Groeningestraat 1a
Tel. 056/22 60 00
www.hotelgroeninge.be
Freundliches Innenstadthotel in einem flämischen Backstein-Stadthaus. ●●

B&B De Begijnhofkamers
Begijnhof 23][Tel. 056/22 83 74
a.vanhauwere@belgacom.net
Frau Vanhauwere wahrt die Atmosphäre des Beginenhofs für ihre Gäste. ●

Restaurant

Cyrano de Bergerac
Vaartstraat 14
Tel. 056/25 29 00
Nostalgisches kleines Restaurant mit traditioneller belgischer Küche. Mo geschl. ●

Oudenaarde 10

»Verduren«, Tapisserien mit Szenerien in grünblauen Tönen aus Oudenaarde an der Schelde (28 700 Einw.) waren vom 15. bis 17. Jh. europaweit begehrt. Einige Prachtexemplare hängen im Rathaus. Noch heute spielt die Textilindustrie eine wichtige Rolle.

Das alles beherrschende Bauwerk des Grote Markt ist das **prächtige hochgotische Stadhuis** mit dem harmonisch in die Fassade eingefügten Belfried und dem vergoldeten Wahrzeichen der Stadt, »Hanske 't Krijgerke«, auf dem First. Den Ratssaal sollte man unbedingt besichtigen (April bis Okt. Mo–Fr Führung 11 und 15 Uhr, Sa, So, Fei 14 und 16 Uhr). An der Rückfront des Rathauses steht die ehemalige **Tuchhalle** (13. Jh.). Westlich des Grote Markt erhebt sich die spätgotische **St.-Walburgakerk,** deren niemals vollendeter Turm das Stadtbild prägt. Auch hier gibt es einen **Beginenhof** mit schlichter Kapelle. Am jenseitigen Flussufer ragt die Kirche **Onze-Lieve-Vrouw-van-Pamele** auf, ein Meisterwerk der Scheldegotik.

Info

Dienst Toerisme
Glazen Huis][Hoogstraat
9700 Oudenaarde][Tel. 0 55/31 72 51
www.oudenaarde.be

Geraardsbergen 11

Das romantische Städtchen (31 000 Einw.) liegt auf einem Hügel an der Dender in den »flämischen Ardennen«. Der **Oudenberg** ist alljährlich am letzten Sonntag im Februar Ausgangspunkt des »Krakelingenworp«. Während dieses Volksfestes werden zentnerweise Kekse in die Menge geworfen. Bei Einbruch der Dunkelheit entzündet man den Tonnekenbrand, ein Feuer in Tonnen. Am **Grote Markt** sehenswert sind die Bartholomäuskirche, das Rathaus (14. Jh.), das im 19. Jh. im Rokokostil renoviert wurde, sowie die älteste Plastik des »Manneken Pis«.

Die Wallonie

Nicht verpassen!

- Zurückhaltende Pracht: Schloss Belœil
- Eine Besichtigung der historischen Schiffshebewerke am Canal du Centre
- Ein Blick von der Brücke auf die Kathedrale von Tournai
- Ein melancholischer Spaziergang durch die Ruinen von Villers-la-Ville

Karte Seite 110

Zur Orientierung

Das südliche Belgien, zwischen den Ardennen und Mons, hatte lange Zeit nicht den besten Ruf. Unter den grünen Hügeln des Hainaut (Hennegau) mit den zahlreichen großen Schlössern und Herrenhäusern war schon zu Beginn des 19. Jh. Steinkohle gefunden worden, und aus der friedlichen Landschaft wurde ein rußiges, lautes Industrierevier, das freilich auch ganz Belgien Wohlstand brachte. Ende der 1970er-Jahre geriet die Montanindustrie in eine schwere Krise, von der sie sich bis heute nicht erholt hat. Die plötzliche Armut des Südens, der nun auf staatliche Subventionen angewiesen ist, spült Wasser auf die Mühlen nationalistischer flämischer Parteien und ist ein steter Zankapfel im schwelenden belgischen Konflikt.

Touristisch aber hat die einstige schwarze Region inzwischen aufgeholt. Die Industriedenkmäler um Charleroi sind museal hergerichtet und zeigen Besuchern eine Vergangenheit, die vor wenigen Jahrzehnten noch Zukunft war. Mons und Tournai sind schöne, behagliche Provinzstädte mit viel Sinn für Kultur. Eine Reihe von Schlössern hat die Zeiten glänzend überstanden, allen voran Château Belœil, eines der prächtigsten Schlösser Belgiens.

Der Karneval in Binche lässt die Gilles durch die Stadt tanzen

Der südlichste Zipfel der Region ist von Wäldern und Seen geprägt, kleine Dörfer und saubere Höfe setzen ihre Akzente in dem grünen Hügelland. Wie elegant es hier auch zugehen konnte, zeigt das Kloster Chimay.

Touren in der Region

Schiffshebewerke im Wandel der Zeiten

(14) Mons › Strépy-Thieu › Ronquières

Dauer: 1 oder 2 Tage, je nach Interesse

Praktische Hinweise: Anfahrt mit dem eigenen Auto. Schiffshebewerke am Canal du Centre: Autobahn E 19-E 42, Ausfahrt 21 »Le Roeulx«, der Ausschilderung »Ascenseur 1 – Cantine des Italiens« folgen. Schiffshebewerk Strépy-Thieu: Autobahn E 19–E 42, Ausfahrt 21 »Le Roeulx«, der Ausschilderung »Strépy-Thieu; Pays de Génies folgen. »Schiefe Ebene«: Autobahn E 19, Ausfahrt 20, »Feluy«, dann N 534 bis Ronquières (Infos unter http://voiesdeau.hainaut.be).

Auf dem Weg vom Hennegau nach Brabant haben die Binnenwasserstraßen beträchtliche Höhenunterschiede zu überwinden.

Dafür wurden schon im 19. Jh. diverse Methoden ausprobiert. Es begann mit den ***hydraulischen Aufzügen der Schiffshebewerke am Canal du Centre,** die auf der Liste des Weltkulturerbes stehen. Das erste der Werke in Houdeng-Goegnies ging 1888 in Betrieb, die drei anderen (Houdeng-Aimeries, Strépy-Bracquegnies und Thieu) 1917.

Seit 2002 ersetzt das **Schiffshebewerk Strépy-Thieu** › S. 118 die altertümlichen Aufzüge. Es überwindet 73 m Höhenunterschied in einem Zug. Keine gusseisernen Strebewerke mehr, sondern ein Hebewerk von 117 m Höhe, in dem zwei separate, mit Wasser gefüllte, 8000 t schwere Wannen die Kanalschiffe auf das jeweils andere Niveau heben.

In ****Ronquières** › S. 113 besann man sich in den 1960er-Jahren auf das Prinzip Rolltreppe und baute am Canal de Bruxelles die »Schiefe Ebene«. Hier fahren die Schiffe in eine riesige Wanne, die an starken Stahlseilen eine schräge Bahn hinaufgezogen oder hinuntergelassen wird.

Sämtliche Hebewerke sind samt ihrer angeschlossenen Museen zu besichtigen.

14
Schiffshebewerke im Wandel der Zeiten **Mons › Strépy-Thieu › Ronquières**
15
Die größten Seen Belgiens
Mons › Beaumont › Barrage de l'Eau de l'Heure › Etang de Virelles › Chimay

Die größten Seen Belgiens

15 Mons › Beaumont › Barrage de l'Eau de l'Heure › Etang de Virelles › Chimay

Dauer: 1 Tag
Praktische Hinweise: Fahrt mit dem eigenen Wagen auf der Route Nationale von Mons nach Beaumont, dann weiter nach Boussu-lez-Walcourt. Nach Süden über Cerfontaine und Virelles nach Chimay. Infos: www.lacsdeleaudheure.be. Picknickkorb einpacken!

Die großen Seen – das sind im kleinen Belgien überschaubare Wasserflächen. Beide befinden sich in der nach Frankreich hinein-

Karte
Seite 110

reichenden Ecke, die von Feldern und Wäldchen geprägt ist. **Beaumont ›** S. 115 z.B. liegt mitten im Wald und wartet mit dem Salamander-Turm aus dem 11. Jh. auf, den wohl schon Napoleon bewundert hat. Jedenfalls sind die Zeugnisse seines kurzen Aufenthalts Teil des darin untergebrachten Museums (Mi geschl. Mai, Juni, Sept. 10–17, Juli, Aug. 10–18 Uhr).

Der Stausee **Barrage de l'Eau de l'Heure** ist ein riesiges Freizeitzentrum mit Rutschbahn, Bootsverleih, Jetski, Windsurfen, Verkehrsübungsplatz für Kinder und Grillplätzen. Wer sich dem ganzen theoretisch nähern möchte, kann dies in der Modellhalle des Centre d'Accueil de la Plate Taille tun (tgl. 10–17/18/19 Uhr, je nach Jahreszeit). Ein Kontrastprogramm dazu ist der **Etang de Virelles** in grünem Hügelland, der größte natürliche See Belgiens, von einem Schilfgürtel umgeben und Rückzugsgebiet für seltene Pflanzen und Tiere.

Chimay › S. 116 bildet das kulinarische Finale der Tour: Bier und Käse, hergestellt im Trappistenkloster Notre-Dame de Scourmont, erfreuen Gaumen und Seele, und in der Klosterherberge Auberge de Poteaupré ca. 4 km südöstlich von Chimay gibt es Übernachtungsmöglichkeiten (Rue de Poteaupré, 6464 Bourlers, Tel. 060/21 14 33, Restaurant Di bis So 11–22 Uhr, Sept.–Pfingsten Di, Do 11–17, Fr–So 11–22 Uhr; www.chimay.com; ●●).

Karte Seite 110

Unterwegs in der Region

Halle 1

Seit dem Mittelalter ist Halle (35 000 Einw.) ein bedeutender Marienwallfahrtsort (Prozessionen an Pfingsten sowie am ersten Sonntag im Sept. und Okt.). Ziel der Pilger ist die wundertätige Schwarze Madonna (13. Jh.) über dem Hochaltar der spätgotischen **Onze-Lieve-Vrouwebasiliek**. Der mächtige Glockenturm besitzt ein Spiel mit 54 Glocken. Bemerkenswerte Skulpturen sind an den Portalen zu sehen, vor allem die Jungfrau mit Kind und die Marienkrönung.

Wichtigste Kunstwerke im Kircheninneren sind der reich mit Figuren geschmückte Deckel des Taufbeckens von 1466 und die ausdrucksstarken Apostelfiguren im Chor. Die Krypta beherbergt den kostbaren Kirchenschatz. Die 32 Kanonenkugeln neben dem Eingang erinnern an das Jahr 1580, als die Schwarze Madonna gegen die Kalvinisten verteidigt werden musste.

Nivelles 2

In Nivelles (24 000 Einw.) gründete Itta, die Witwe Pippins d. Ä., mit ihrer Tochter, der hl. Gertrud, um 650 ein Kloster. Im 12. Jh. bekam die Stadt einen Befestigungsring, von dem noch die Tour Simone erhalten ist. 1940 wurde die **Stiftskirche Ste-Gertrude** aus dem 11. Jh. zerstört. Beim Wiederaufbau legte man merowingische und karolingische Gebäudeteile sowie das Grab der hl. Gertrud frei. Dorthin zieht an jedem ersten Sonntag im Oktober eine große Pferdeprozession.

Das gewaltige Bauwerk mit 102 m langem Langhaus, zwei Querschiffen und zwei Chören ist ein gutes Beispiel für die ottonisch geprägte Romanik. Über dem Westchor liegt der Kaisersaal mit drei großartigen Kuppeln, unter dem Ostchor die Krypta mit Kreuzgratgewölbe und Resten der fünf Vorgängerkirchen.

Das **Archäologische Museum** zeigt neben Funden von der prähistorischen bis zur römischen Zeit vier Statuen vom gotischen Lettner der Stiftskirche (Di–Fr sowie 2. und 4. So im Monat 9.30–12, 14–17 Uhr).

Info

Office de Tourisme
Hôtel de Ville][48, rue de Saintes
1400 Nivelles][Tel. 067/84 08 64
www.tourisme-nivelles.be

Hotel

Hotel Nivelles-Sud
22, chaussée de Mons
Tel. 067/21 87 21
www.hotelnivellessud.be
115 helle, freundliche Zimmer in einem modernen Mittelklassehotel; kleines Schwimmbad, Terrasse, gutes Restaurant und Spieleangebot. ●●

Die 1430 m lange Schiefe Ebene bewältigt Schiffe bis zu 1350 t

Ronquières 3

Mit Hilfe der ****Schiefen Ebene** von Ronquières gelingt es der Binnenschifffahrt, die Höhenunterschiede – in diesem Fall die 68 m im Verlauf des Kanals Brüssel–Charleroi – zu überwinden. Die Binnenschiffe werden in riesigen, wassergefüllten Becken mit Hilfe starker Stahlseile über eine schiefe Ebene hinaufgezogen bzw. hinuntergelassen. Zu jedem Becken gehört ein Gegengewicht (4500 t). Auf diese Weise kann die Anlage mit nur geringer Motorenkraft betrieben werden.

Vom Steuerturm aus hat man eine prächtige Aussicht auf das technische Meisterwerk und weit über das Land des Hennegau (Mitte März–Okt. tgl. 10–19 Uhr, letzter Einlass 17 Uhr). Noch spannender ist eine **Bootsfahrt über die Schiefe Ebene,** die im Sommer in unterschiedlichen Varianten angeboten wird (Infos: Voies d'Eau du Hainaut, Tel. 078/05 90 59, http://voiesdeau.hainaut.be).

Villers-la-Ville 4

Bernhard von Clairvaux gründete 1147 diese Zisterzienserabtei, die zeitweilig eine der reichsten Abteien Belgiens war. Zerstörungen und Plünderungen während der Religionskriege und der Französischen Revolution beförderten ihren Untergang. Durch die **eindrucksvollen, mit Efeu überrankten Ruinen** führt ein ausgeschilderter Rundweg.

Charleroi 5 und Umgebung

Im 19. und frühen 20. Jh. wurde in und um Charleroi (201 000 Einw.) das Schwarze Gold der Wallonie gefördert. Dank der Kohlevorkommen entstand im

Die hübschesten Dörfer der Wallonie

Die Wallonie ist stolz auf ihre schönen Dörfer. Intakte Dorfstrukturen mit traditioneller bäuerlicher Architektur und lebendiger Dorfgemeinschaft lohnen einen Abstecher. Die Vereinigung »Les Plus Beaux Villages de la Wallonie« veranstaltet im Sommer sonntags geführte Wanderungen zu den schönsten Dörfern.

Les Plus Beaux Villages de la Wallonie
7, rue Haute, 5332 Crupet
Tel. 083/65 72 40
www.beauxvillages.be

- **Aubechies** (26 km östlich von Tournai › S. 120 nahe der N 7 bei Leuze) besticht mit römischen Ausgrabungen und einer wuchtigen romanischen Kirche.
- **Ragnies** (südwestlich von Charleroi › S. 113 im Bezirk Thuin). Hier kann man Fleisch und diverse Schnäpse direkt beim Erzeuger kaufen.
- **Lompret** (zwischen Chimay › S. 116 und Etang de Virelles). Wälder, Wasser und eine malerische Burgruine – hier ist es romantisch.
- **Fagnolle** (südlich von Charleroi › S. 113 und Philippeville, über die N 5). Das zentrale Ensemble grauer Steinhäuser hat sich samt Waschplatz seit über 100 Jahren erhalten.
- **Vierves-sur-Viroin** (südlich von Philippeville an der N 99). Hauptblickpunkt dieses Dörfchens ist sein Schloss mit dem kecken roten Turm.
- **Soulme** (östlich von Philippeville, zwischen N 7 und N 40). Eine alte Mühle mit Backofen und die romanische Kirche aus dem 11. Jh. verleihen dem Ort Charakter.

16. Jh. auch die erste Glashütte. Die Industriegeschichte wird auf dem Gelände der Kohlegrube Bois du Cazier in der Vorstadt Marcinelle lebendig: Das **Espace Musée de l'Industrie** zeigt in denkmalgeschützten Industriegebäuden alte Fördertechnik und Werkstätten. Es dokumentiert ein Grubenunglück im Jahr 1956, bei dem 262 Bergleute umkamen. Im alten Kraftwerk finden Ausstellungen und Veranstaltungen statt, unter Tage gibt es Besucherführungen (Di–Fr 9–17, Sa, So 10 bis 18 Uhr, www.leboisducazier.be). Das **Musée du Verre** informiert über die Methoden der Glasherstellung und zeigt ganz exquisite Jugendstil-Werke (http://charleroi-museum.be).

Im ehemaligen Kloster von **Mont-sur-Marchienne** dokumentiert das **Musée de la Photographie** mit historischen Geräten und Aufnahmen die Geschichte der Fotografie (11, ave Paul Pastur, 6032 Charleroi; GPS: Place des Essarts, Di–So 10–18 Uhr, www.museephoto.be).

Info

Maison du Tourisme
20, place Charles II][6000 Charleroi
Tel. 071/86 14 14][www.charleroi.be

Aulne 6

In einem Bogen der Sambre liegt die Ruine der **Abbaye d'Aulne.** Das Kloster geht der Legende nach auf eine Gründung des hl. Landelinus anno 656 zurück. 1147 übernamen es Mönche aus Clairvaux,

1794 zerstörten die Franzosen die Abtei. Der verbliebene Chor und das Querschiff der Kirche bezeugen noch heute eindrucksvoll die einstige Größe des Klosters.

Lobbes 7

Ein reuiger Straßenräuber, der später heilig gesprochene Landelinus, soll im 7. Jh. die hiesige Benediktinerabtei gegründet haben, die während der Französischen Revolution zerstört wurde. Auf dem Hügel steht die karolingische **Collégiale St.-Ursmer** (11. Jh.). Der Vierungsturm kam im 19. Jh. hinzu. Chor, Krypta, Portikus und Westturm sind noch romanisch. In der Krypta stehen die Sarkophage der Heiligen Ursmer und Ermin (9. Jh.).

Thuin 8

Die malerische Stadt (15 000 Einw.) erstreckt sich auf dem Uferhang der Sambre. Von der Stadtmauer, die Fürstbischof Notger von Lüttich ca. 1000 errichten ließ, ist noch der Wachturm **Tour Notger** erhalten. Vom **Belfried** aus hat man einen schönen Blick auf das Städtchen.

Das **Ecomusée de la Batellerie** (Binnenschiffermuseum) ist im historischen Frachtkahn »Thudo« eingerichtet. Hier erfährt man alles über den Bau der Flussschiffe und das Leben an Bord. Tatsächlich bestimmte die Binnenschifffahrt nach der Französischen Revolution das Leben des gesamten Städtchens (April–Sept. Mi–So 14–18 Uhr). Erhalten ist auch das alte **Binnenschifferviertel,** *le quartier de la batellerie.*

An einem Hang über dem Tal von Bismelle erstrecken sich die im Mittelalter auf Terrassen angelegten **Hängenden Gärten,** *jardins suspendus.* Der Weg dorthin ist ausgeschildert.

Alljährlich am letzten Maiwochenende findet im Rahmen der St.-Rochus-Prozession eine der **berühmtesten historischen Militärparaden des Hennegaus** statt.

Info

Office du Tourisme
Place du Chapitre][6530 Thuin
Tel. 071/59 54 54][www.thuin.be

Beaumont 9

Der Forêt de Rance (Rancewald) umschließt Beaumont, wo mit der Tour Salamandre der letzte Rest einer Stadtbefestigung (12. Jh.) erhalten blieb. In **Montignies-St.-Christophe** steht eine alte Brücke aus der Römerzeit mit 13 Brückenbogen.

Östlich von Beaumont ist der **größte Stausee Belgiens (351 ha), Barrage de l'Eau d'Heure,** ein beliebtes Wassersport- und Erholungsgebiet. Nicht weit davon liegt in einem Naturpark auch der **Etang de Virelles,** der größte natürliche See des Landes.

Hotels

■ **Hotel de Franc Bois**
18, rue Courtil aux Martias
6463 Lompret][Tel. 060/21 44 75
Landhotel am Etang de Virelles. ●

■ **Hostellerie du Gahy**
2, rue Gahy][6520 Momignies
Tel. 060/51 10 93][Fax 51 30 05
Sechs schöne Zimmer und ein beglückendes Menü bietet der umgebaute Hof an der französischen Grenze ●●

Chimay 10

Im südlichsten Zipfel des Hennegau lohnt das **Renaissanceschloss** von Chimay einen Besuch. Hinter der Kalksteinfassade öffnen sich herrliche Salons und ein Rokoko-Theater (1863), in dem im September Musikfestspiele stattfinden (Ostern–31. Okt. tgl. Führungen 10, 11, 15 und 16 Uhr). In der gotischen Kollegiatskirche **Sts-Pierre-et-Paul** steht in der ersten Kapelle rechts das Epitaph des Geschichtsschreibers und Dichters Jean Froissart (1337–1410).

Info

Maison du Tourisme
de la Botte du Hainaut
4, rue des Noailles][6460 Chimay
Tel. 060/21 98 84
www.visithainaut.be

Unterkunft

B&B Le petit Chapitre
5, place du Petit Chapitre
6460 Chimay][Tel. 060/21 10 42
Ruhiges B&B mit fünf üppig dekorierten Zimmern voller Antiquitäten. ●

Binche 11

Die reizvolle Altstadt von Binche (32 400 Einw.) liegt im Schutz eines mittelalterlichen Befestigungswalls mit 27 Türmen. Am besten erhalten ist der südliche Teil zwischen dem Museum und der **Collégiale St.-Ursmer.** Die frühromanische Kirche wurde nach schweren Schäden (16. Jh.) wieder aufgebaut. Aus der Gründungszeit stammen ein Teil des Turms und das Hauptportal.

Binche ist bekannt als Karnevalshochburg. Die ganze Stadt ist auf den Beinen, wenn am Karnevalsdienstag die Gilles durch die mittelalterlichen Straßen tanzen.

Nahe der Kollegiatskirche kann man die prächtigen Masken und Kostüme aus Binche sowie Masken aus allen Teilen der Welt im

Karneval in Binche

Binche ist weithin für seinen Karneval bekannt. Am Karnevalsdienstag beherrschen die »Gilles« die Stadt. Im Morgengrauen sammeln sich Hunderte von Männern in ihren mit Wappen und Löwen besetzten Kostümen in den Straßen. Sie tragen weiße Hauben und feine Masken, die ein rosiges Gesicht mit Schnurrbart und grüner Brille zeigen. So klappern sie auf ihren Holzschuhen rhythmisch durch die Straßen. Am Nachmittag legen sie die Masken ab, setzen einen Kopfschmuck aus Straußenfedern auf und nehmen einen Korb mit Orangen in die Hand. Zu den Klängen von Viola, Akkordeon, Drehorgel und Trommeln tanzen sie dann durch die Stadt, begleitet von allerlei bunten Masken, die die Straßen in einen fröhlichen Hexenkessel verwandeln.

Karte Seite 110

Musée International du Carnaval et du Masque bewundern (Di bis Fr 9.30–17, Sa, So 10.30–17 Uhr, www.museedumasque.be).

Info

Office du Tourisme
Grand' Place][7130 Binche
Tel. 064/33 67 27][www.binche.be

Hotel

Les Volets Verts
4, rue de la Triperie
Tel. 064/33 31 47][www.lvv.net
Angenehmes Gästehaus mit Garten und 4 unterschiedlich gestalteten Zimmern in einer ruhigen Altstadtstraße. Der Übernachtungspreis schließt ein gutes Frühstück mit ein. ●●

Nachwuchs-Gille beim Karneval in Binche

10 ***Schiffshebewerke

Die vier historischen Schiffshebewerke des Canal du Centre wurden als herausragende Zeugnisse der Ingenieurskunst des beginnenden Industriezeitalters in die Weltkulturerbeliste der UNESCO aufgenommen. Jeder der vier hydraulischen Aufzüge überwindet eine Höhe von rund 17 m: Das – höchstgelegene – Hebewerk Nr. 1 in Houdeng-Goegnies, Nr. 2 in Houdeng-Aimeries, Nr. 3 in Bracquegnies sowie Nr. 4 in Thieu.

Das erste Werk wurde 1888 gebaut, das letzte 1917. Die Aufzüge sind wahre Zeugnisse der Gründerzeit: Türmchen und Zinnen kaschieren das technische Wunderwerk. Das Prinzip ist einfach: Zwei Becken ruhen auf hohen Kolben, das eine unten, das andere oben. Fährt ein Schiff in ein Becken ein, senkt sich das obere Becken, welches stets mehr Wasser enthält als das untere, und hebt das Schiff an sein Ziel. Weltweit sind diese historischen Aufzüge die einzigen, die noch in Betrieb sind – wenn auch heute nur noch für Touristenboote. Zwei Stunden dauert die Bootsfahrt durch das ganze Schiffshebewerk (Mitte März–Okt. tgl. 10 und 14 Uhr, Tickets: Tel. 078/05 90 59, http://voiesdeau.hainaut.be).

Im Museum **Cantine des Italiens** wird die Geschichte des Kanals dokumentiert (90, rue Tout-Y-Faut, 7110 Houdeng-Goegnies, Tel. 064/84 78 32).

Die Schiffshebewerke am Canal du Centre sind technische Meisterwerke

Eine moderne technische Meisterleistung ist das 2002 am neu gebauten Parallelkanal des alten Canal du Centre eröffnete **Schiffshebewerk von Strépy-Thieu 12**, wo Binnenschiffe, ebenfalls per hydraulischem Aufzug, einen Höhenunterschied von 73 m überwinden (Besichtigung Mitte März bis Nov. 9.30–18.30, Einlass bis 17 Uhr).

Mons 13

In der Provinzhauptstadt (91 100 Einw.) des Hennegau kam 1532 Orlando di Lasso zur Welt, einer der größten Musiker der Renaissance. Im Mittelalter wurde die Tuchmacherstadt abwechselnd von Spanien, Österreich und Frankreich okkupiert. Im 19. Jh. florierte der Kohlebergbau, Mons wurde zum Zentrum der Borinage, des belgischen Kohlenpotts.

Herz der Stadt ist die **Grand-Place** mit dem gotischen **Rathaus**. Links neben dessen Hauptportal fällt der Blick auf ein Äffchen. Dieser »Singe de Grand-Garde« gilt heute als Glücksbringer, früher war er vielleicht Teil des Kinderprangers. Die Innenräume des Rathauses mit ihren Tapisserien können besichtigt werden. In der Rue Neuve zeigt das moderne BAM, das **Musée des Beaux-Arts Mons**, eine beachtliche Sammlung zeitgenössischer Kunst aus der Region (Di–So 12–18 Uhr).

Der 87 m hohe barocke **Belfried** (mit vielen anderen in Belgien Teil des UNESCO-Weltkulturerbe, Glockenspiel) ist das Wahrzeichen von Mons. Er steht auf dem Square du Château an der Stelle des früheren Schlosses der Grafen des Hennegau, zu besichtigen ist auch die Kapelle **Saint Calixte** mit ihrer Krypta.

Die Stiftskirche **Sainte Waudru** auf der Anhöhe hat Mathieu de Layens im Stil der Brabanter Spätgotik entworfen (1450–1686). Sie

birgt eine Sammlung bemerkenswerter Alabaster-Statuen (16. Jh.) sowie die Schatzkammer.

Info

Maison du Tourisme
22, Grand Place][7000 Mons
Tel. 065/33 55 80
www.monsregion.be

Hotel

St. James
8, pl. de Flandre][Tel. 065/72 48 24
www.hotelstjames.be
Außen historisch, innen wunderschönes modernes Design. ●●

Restaurants

■ **Devos**
7, rue de la Coupe][Tel. 065/35 13 35
Regionale Spezialitäten in kulinarischer Vollendung. So und Mo abends, Mi geschl. ●●●

■ **Le Marchal**
4, Rampe Ste-Waudru
Tel. 065/31 24 02
Feine französische Küche in einer noblen Stadtvilla. Mo, Di mittags, So–Do abends geschl. ●●

Ausflüge

Cuesmes und Le Grand Hornu

In **Cuesmes** etwas südwestlich von Mons lebte Vincent Van Gogh 1879/80 als Laienprediger bei einer Bergarbeiterfamilie. Hier entstanden seine frühen Bilder, die die harten Lebensbedingungen der Arbeiter widerspiegeln. Im unscheinbaren **Haus van Gogh** ist dem Künstler eine kleine Ausstellung gewidmet (3, rue du Pavillon, Di–So 12–18 Uhr). Ca. 13 km weiter westlich liegt die denkmalgeschützte Industrieanlage **Le Grand Hornu** (1810–1830). Der Bergwerkseigner ließ hier Produktionsstätten und Verwaltungsgebäude errichten, dazu einen Herrensitz für seine Familie und eine Arbeitersiedlung. Das hochmoderne **MAC's** (Musée d'Art Contemporain) präsentiert Wechselausstellungen zeitgenössischer Kunst (82, rue Ste-Louise, Di–So 10–18 Uhr, www.mac-s.be).

***Minen von Spiennes

Ca. 7 km südöstlich von Mons wurde in der Jungsteinzeit (4000 bis ca. 750 v. Chr.) Feuerstein in großem Stil abgebaut und exportiert. Die Schächte waren bis zu 15 m tief. Wegen der einzigartigen Bedeutung dieses frühen Industriegebiets wurden die Feuersteinminen von Spiennes als UNESCO-Weltkulturerbe klassifiziert. Eine Besichtigung ist zurzeit nicht möglich, aber für 2013 ist die Eröffnung eines Besucherzentrums und eines neuen Museums geplant (www.minesdespiennes.org).

11 **Schloss Belœil 14

Belœil (12 800 Einw.) ist wegen seines berühmten Schlosses ein Muss. In barocken Formen, doch wegen der Verwendung von Ziegel und Sandstein ungewohnt streng und ernst, war es seit dem 14. Jh. über Generationen im Besitz der Prinzen de Ligne. Die kostbar möblierten Räume sind mit den Geschenken so illustrer Gäste wie Marie-Antoinette, Johann Wolfgang von Goethe, Katharina der Großen, Jean Jacques Rousseau und Voltaire ausgestattet. Die Bibliothek umfasst mehr als 20 000 Bände. Der **120 ha große Park mit fantasievollen Barockgärten,** vermutlich eine Anlage des berühmten Gartenbauers Le Nôtre, gilt als der schönste Belgiens (Juli, Aug. tgl. 13–18 Uhr, April–Juni, Sept. nur Sa, So, Fei 13–18 Uhr, Einlass bis 17.15 Uhr; www.chateaudebeloeil.com).

Echt gut!

**Tournai 15

Zusammen mit Tongeren › S. 85 ist Tournai (67 500 Einw.) die älteste Stadt Belgiens. Der ruhige, bürgerliche Ort über der Schelde (Escaut) genießt den Ruf einer bedeutenden Kunststadt.

Grandioser Mittelpunkt der Stadt ist die dreieckige ****Grand' Place** mit den prächtigen Renaissance-Bürgerhäusern. Das Denkmal auf dem Platz erinnert an Christine de Lalaing, die während der Religionskriege 1581 die Verteidigung der Stadt leitete. Im Keller der ehemaligen **Halle aux Draps** (Tuchhalle; 1610) wurde beim Wiederaufbau eine romanische Krypta freigelegt.

Der 72 m hohe, frei stehende **Belfried** gegenüber der **Eglise St.-Quentin** (13. Jh.) gilt als der älteste in Nordeuropa und besitzt ein Glockenspiel mit 57 Glocken.

Zur Zeit des Übergangs von der Romanik zur Gotik entstand die stolze ******Cathédrale Notre-Dame** aus Tournaiser Kalkstein. Nachdem die Romanik mit dem enormen Kirchenschiff, den beiden Osttürmen und dem Vierungsturm in den Bau einging, ist der Hochchor ein Meisterwerk der Gotik. Zu den kunsthistorischen Kostbarkeiten des Weltkulturerbes zählen die romanischen Skulpturen am Nordportal, der

Aus der Stadtgeschichte

Keimzelle der Stadt war die römische Station »Turnacum« an der Straße zwischen Köln und dem Ärmelkanal. Schon zu jener Zeit waren die Produkte der hiesigen Weber international berühmt: Man lieferte Stoffe für die Cäsaren. Unter den Merowingern wurde Tournai die erste Hauptstadt ihres Frankenreiches; König Chlodwig, der 466 hier geboren wurde, erhob sie zum Bischofssitz. Der Tuchhandel und der Export des graublauen Kalksteins ermöglichten im 12. und 13. Jh. eine rege Bautätigkeit. Damals wurde auch der Grundstein der mächtigen Kathedrale gelegt. Mehrmals wechselte Tournai zwischen Frankreich und Flandern und wurde immer wieder in Kriege verstrickt, doch die schon im 16. Jh. berühmten Tapisserien, die Kupfer- und Messingschmiedekunst und später die Porzellanherstellung halfen der Stadt, ihren Wohlstand zu wahren.

Die fünf Türme der Kathedrale Notre-Dame dominieren Tournai

sog. Porte Mantile. Die Ausmaße des Innenraums überwältigen: 134 m lang, 66 m breit, 33 m hoch; der Chor ist fast so lang wie das Langschiff. Ein reich dekorierter Renaissancelettner trennt die beiden Bauteile. Der Bildschmuck der Säulen, gotische Grabsteine, Fresken und wertvolle Glasfenster im Querschiff sowie Gemälde von Rubens und Jordaens ergänzen die Ausstattung.

In einem sternförmigen Jugendstilbau von Victor Horta ist das mit reichen Beständen ausgestattete **Musée des Beaux-Arts** untergebracht. Es besitzt Gemälde von Manet, Rogier van der Weyden, Gossaert, der Familie Brueghel, Jordaens, James Ensor und van Gogh sowie Skizzen von Rubens und Toulouse-Lautrec (Enclos St-Martin, April–Okt. tgl. außer Di 10–17.30 Uhr, sonst Di–Sa 10–12, 14–17, So 14–17 Uhr, jeden ersten So im Monat gratis).

Die Kunst des Teppichwebens, die in Tournai seit dem 15. Jh. ausgeübt wird, veranschaulicht das **Musée de la Tapisserie** (Place Reine Astrid, April–Okt. tgl. außer Di 10–17.30 Uhr, sonst Di–Sa 10–12, 14–17, So 14–17 Uhr jeden ersten So im Monat gratis).

Von der Brücke des Boulevard Delwart bietet sich ein weiter Blick auf den um 1290 erbauten **Pont des Trous** (»Lochbrücke«) und die Kathedrale.

Zwischen dem nördlichen Schelde-Ufer und dem Bahnhof steht an der Rue du Rempart ein massiver Rundturm, die **Tour Henri VIII.** aus dem 16. Jh.

Nahe der romanischen Kirche **St.-Brice** mit dem Grab von König Childerich, dem Vater von Chlodwig › S. 120, stehen in der Rue Barre St-Brice die beiden **ältesten erhaltenen Bürgerhäuser Westeuropas** (Nr. 10 und 12). Sie stammen aus dem 12. Jh.

Info

Office de Tourisme
Vieux Marché aux Poteries
7500 Tournai][Tel. 069/22 20 45
www.tournai.be

Hotels

■ **Cathédrale Tournai**
2, Place St-Pierre][Tel. 069/25 00 00
www.hotelcathedrale.be
Großzügig ausgestattetes Altstadthotel (59 Zimmer) im ehemaligen Feuerwehrhaus; Nichtraucheretage. ●●

■ **L'Europe**
36, Grand' Place][Tel. 069/22 40 67
europehotel@skynet.be
Einfaches Hotel in einem alten Bürgerhaus. Cocktailbar mit Bambus-Mobiliar im Urwald-Stil. ●

Restaurants

■ **Le Charles-Quint**
3, Grand-Place
Tel. 069/22 14 41
Gehobenes Restaurant in einem schönen alten Bürgerhaus. Mo, Di sowie So Abend geschl. ●●●

■ **Rive Gauche**
37, quai Notre-Dame][Tel. 069/35 47 36
Gemütliche Brasserie direkt am Schelde-Ufer mit belgischen Klassikern.
Tgl. 12–14, 19–23.30 Uhr. ●

Ath 16 und Schloss Attre

Die Grand'Place von **Ath** dominieren das Rathaus (17. Jh.) und die Kirche Saint-Julien mit ihrem hohen Turm (15. Jh.). Unweit davon versteckt sich in einer der engen Gassen der viereckige **Donjon** (Wehrturm, 14. Jh.).

Die meisten Besucher strömen alljährlich am vierten Sonntag im August nach Ath, zur **Ducasse,** einem Umzug mit einer ganzen Familie von Riesenfiguren: Herr und Frau Gouyasse (Goliath) mit ihren Söhnen und ihrem Gefolge (4 m hoch, 100 kg schwer). Am Vortag wird ab 15 Uhr vor dem Rathaus der Kampf Davids gegen Goliath ausgetragen.

Ca. 6 km südöstlich von Ath steht **das charmante Schlösschen Attre.** Die Pläne für seine sehr dekorative Treppe sollen auf den Rokokobaumeister François Cuvilliés zurückgehen. Zur Innenausstattung gehören Gemälde von Watteau und Snyders. Sehenswert ist der Park mit dem Taubenturm (nur im Rahmen von Führungen zu besichtigen: April–Juni, Sept/Okt. So 14–17, Juli/Aug. Sa/So 13–17 Uhr).

Soignies 17

Die Keimzelle der Kleinstadt am Ufer der Senne bildete eine Abtei, die um 650 vom hl. Vinzenz gegründet wurde. Die **Stiftskirche St-Vincent** ist ein wuchtiger Bau mit lombardischen Bögen, die von zwei massiven Türmen überragt werden. Auf dem alten Friedhof (heute Stadtpark) ist in einer romanischen Kapelle ein interessantes **Archäologisches Museum** untergebracht (Di–Fr 8.30–12, 13.30–16.15 Uhr, Pfingsten–Mitte Sept. auch Sa, So 14–18 Uhr).

Wormeldange, ein malerisches Winzerdorf an der Mosel

Luxemburg

Nicht verpassen!

- Ein Gang durch das Labyrinth der Kasematten auf dem Bockfelsen
- Ein Bild von einer Burg bewundern: Schloss Vianden
- Ein paar Tanzschritte auf dem Marktplatz von Echternach
- Weinprobe: Ein Glas Elbling von der Mosel

Zur Orientierung

Das Großherzogtum Luxemburg (2587 km^2; frz. Grand Duché de Luxembourg) erreicht mit ca. 455 000 Einwohnern gerade einmal die Einwohnerzahl einer mittleren Großstadt. Doch sowohl in wirtschaftlicher wie auch in politischer Hinsicht hat das kleine Land einiges in die Waagschale zu werfen: Die Hauptstadt ist internationales Bankenzentrum und Sitz bedeutender europäischer Institutionen: EU-Gerichtshof, EU-Rechnungshof, Europäische Investitionsbank und das Sekretariat des EU-Parlaments ziehen ein internationales Publikum ins Land. Polyglott geben sich auch die Einwohner. Sie wechseln neben ihren drei Landessprachen – Deutsch, Französisch und Lëtzebuergesch – meist noch lässig ins Englische.

Stadt und Land Luxemburg sind für einen erlebnisreichen Kurzurlaub wie geschaffen, denn sie bieten ländliche Idylle und kulturelle Genüsse, Kleinstadtruhe plus internationales Flair.

Den Norden das Landes bildet der Ösling, ein etwa 500 m hohes, den Ardennen zugehöriges Hochplateau, das mit den tief eingeschnittenen Tälern der Flüsse Our, Clerve, Alzette und Wiltz, den Burgen und hübschen Kleinstädten eindrucksvolle Landschaftsbilder bietet. Der mittlere und südliche Landesteil, das von den Flüssen Sauer und Mosel begrenzte Gutland, empfängt Besucher mit mildem Klima und einer reizvollen Hügellandschaft, die zum Teil noch immer die Wunden des Bergbaus zeigt.

Touren in der Region

Der Mullerthal-Trail

(16) Echternach › Rosport › Moersdorf › Echternach › Berdorf › Müllerthal › Echternach › Müllerthal › Beaufort › Larochette › Müllerthal

Dauer: 3 Tage. 1. Tag: 40 km; 2. Tag: 33 km; 3. Tag: 37 km.
Praktische Hinweise: Anreise mit Auto oder Zug, Busverbindung von Echternach nach Müllerthal. Der gut markierte Mullerthal-Trail beschreibt drei große Schleifen, die jeweils zum Ausgangspunkt zurückkehren – ein Tagesrucksack ist deshalb ausreichend. Für alle Etappen können auch andere Orte unterwegs als Einstieg gewählt werden. Jede Etappe lässt sich zudem als einzelne Tagestour gestalten (www.mullerthal-trail.lu).

Die Tour des ersten Tages beginnt in der alten Stadt ***Echternach** › S. 134. Entlang der Sauer geht es nach Osten, Richtung **Rosport,** und am dortigen, im Tudor-Stil gehaltenen Schloss vorbei. Mit dem Fluss wandert man durch Wald und Wiesen nach Süden bis **Moersdorf.** Unterwegs bietet die Wallfahrtskapelle Girsterklaus einen weiten Blick über die Landschaft. Dann verlässt man die Sauer, passiert Boursdorf, Mompach und Herborn und durchmisst schließlich das einsame Waldgebiet **Haardt.** Am **Echternacher See** ist vor der Rückkehr in die Stadt Gelegenheit für eine erfrischende Pause.

Am zweiten Tag geht es von **Echternach** hinauf zum Aussichtspunkt Troosknäppchen und dann weiter in die Felsenwelt: Die **Wolfsschlucht** jagt Wanderern Schauer über den Rücken. Die Höhle **Huel Lee** weckt Bewunderung: Kreisrunde Löcher in den Wänden zeugen davon, dass hier einst Mühlsteine gebrochen wurden. Nach **Berdorf** durchquert man das Waldgebiet Schnellert und erreicht den Weiler **Müllerthal.** Entlang der Schwarzen Ernz geht es zum **Schiessentümpel** und dann durch eine faszinierende Felsenwelt nach Consdorf. Jetzt wird es eng: die Felsspalte Kohlscheuer scheint Wanderer zu verschlingen. Aber keine Angst: Bald danach öffnet sich die Landschaft wieder, der Weg führt gemütlich zurück nach **Echternach.**

Der dritte Abschnitt des Mullerthal-Trails beginnt in **Müllerthal** und folgt zunächst der Schwarzen Ernz nach Norden, dann dem engen Hallerbachtal und schließlich dem Haupeschbach bis zum Schloss von **Beaufort**. Der nächste Ort, **Larochette,**

Marktplatz von Echternach

lockt mit einer Burgruine, dann geht es über eine Hochebene mit herrlicher Aussicht. Über Blumenthal wandert man im Bogen zurück nach **Müllerthal**.

Die Luxemburger Weinstraße

(17) Schengen › Remich › Stadtbredimus › Grevenmacher › Wasserbillig

Dauer: 2 Tage

Praktische Hinweise: Diese Pkw-Tour ist auch per Schiff machbar: Anlegeplätze der »M.S. Princesse Marie-Astrid« sind in Schengen, Bech-Kleinmacher, Remich, Stadtbredimus, Wormeldange, Grevenmacher und Wasserbillig (www.moselle-tourist.lu).

Nur 42 km beträgt die Strecke, auf der die Mosel zu Luxemburg gehört. Aber in diesem kleinen Gebiet wird eine solche Menge Wein und Sekt produziert, dass man mit dem Verkosten kaum nachkommt. In **Schengen** quert die Mosel die Grenze von Frankreich nach Luxemburg. Remerschen, Schwebsingen, Wellenstein, Bech-Kleinmacher heißen die ersten Winzerörtchen, die mit schönen Plätzen, alten Kirchen und manchem Schloss aufwarten.

Remich › S. 136 ist der erste größere Ort. Die traditionsreiche Sektkellerei St. Martin (53, route de Stadtbredimus, Tel. 003 52/ 23 69 97 74, www.cavesstmartin.lu, April–Okt. Di–So 10–11.30, 13.30–17 Uhr) wartet hier auf Besucher, und schöne Spazier- und Wanderwege lassen die Zeit auf geruhsame Weise vergehen.

Auch **Stadtbredimus** genießt einen guten Ruf als Weinort. Hier ist der Sitz der Winzergenossenschaft Vinsmoselle (12, route du vin, Tel. 003 52/23 69 66-1, www.vinsmoselle.lu).

Wer in **Grevenmacher** › S. 136 von bunten Traumgebilden umgaukelt wird, hat wohl nicht den Weg in die älteste Luxemburger Genossenschaftskellerei genommen, sondern den Schmetterlingsgarten voller Falter und exotischer Vögel gefunden (1. April–Mitte Okt. tgl. 9.30–17 Uhr).

Der letzte Ort der Weinstraße heißt – ausgerechnet – **Wasserbillig,** er markiert zugleich Luxemburgs tiefsten Punkt. Die schöne Barockkirche, ein sehenswertes Aquarium (Juni–Okt. tgl. 9.30–17 Uhr) und Wanderwege u.a. zu römischen Grabmälern machen den Ort attraktiv.

Burgentour im Ösling

(18) Echternach › Bourscheid › Esch-sur-Sûre › Wiltz › Clervaux › Vianden › Echternach

Dauer: 2 Tage
Praktische Hinweise: Anfahrt mit dem eigenen Auto

Bei ***Echternach** › S. 135 beginnt das Burgenland Luxemburgs. Die Häufung von befestigten Orten liegt in Luxemburgs kriegerischer Geschichte begründet. In ***Bourscheid** › S. 136 wird man das größte Schloss zwischen Rhein und Maas bewundern, es steht mit Respekt einflößenden 12 000 m² Fläche auf einem Felsen über der Sauer. Alles an ihm ist mächtig: Bergfried, Wachtürme und das Stolzemberger Haus. Die Burg von **Esch-sur-Sûre** hat die Zeiten nicht ganz so gut überstanden, nur Bergfried und Teile der Mauer sind erhalten. Das barocke Schloss von **Wiltz** mit den vielgestaltigen grauen Schiefer-

Auf dem Mullerthal-Trail
Echternach › Rosport › Moersdorf › Echternach › Berdorf › Müllerthal › Echternach › Müllerthal › Beaufort › Larochette › Müllerthal

Die Luxemburger Weinstraße
Schengen › Remich › Stadtbredimus › Grevenmacher › Wasserbillig

Burgentour im Ösling
Echternach › Bourscheid › Esch-sur-Sûre › Wiltz › Clervaux › Vianden › Echternach

dächern prunkt mit seiner Freitreppe – vor allem wenn diese die Kulisse für Freilichtaufführungen bildet (www.festivalwiltz.lu). Im Zentrum von **Clervaux** › S. 133 steht die schönste Burg des Landes: So wehrhaft wie gemütlich sieht das Ensemble mit dem runden Torbogen und den dicken Türmen aus. Berühmter noch ist ***Schloss Vianden** › S. 134, die Burg, die nie eingenommen wurde und mit Waffensaal, Ritterstube und Schlossküche aufwartet.

Wichtige Adresse

City Tourist Office, Place Guillaume II, 1648 Luxembourg, Tel. 003 52/22 28 09, www.lcto.lu

Unterwegs in Luxemburg

12 **Luxemburg-Stadt 1

In der Haupt- und Residenzstadt (frz. Luxembourg) des Großherzogtums lebt etwa ein Drittel der Bevölkerung des Landes (mit Vororten ca. 150 000 Einw.). Sie verdankt ihre Gründung einem strategisch ungemein günstigen Felssporn über dem Tal der Alzette, dem Bockfelsen, auf dem sich eine gut befestigte kleine Burg, eine »Lützelburg«, errichten ließ. Daraus entwickelte sich im 16. Jh. eine der stärksten Festungen Europas, das »Gibraltar des Nordens«, das ständig wechselnden Herren gehörte: Franzosen, Spanier, Österreicher und Preußen gaben sich hier sozusagen den Schlüssel zur Zugbrücke in die Hand. Heute manifestiert sich die Bedeutung Luxemburgs eher auf dem Kirchberg, wo sich die meisten der europäischen Institutionen befinden.

Eintritt zu über **50 Sehenswürdigkeiten und freie Fahrt mit öffentlichen Verkehrsmitteln** bietet die Luxembourg-Card ab 10 € pro Person. Familien bis zu 5 Pers. zahlen 48 € für die 3-Tages-Karte (ONT › S. 139).

Im Stadtzentrum

Im Volksmund heißt der zentral gelegene **Place de la Constitution** A »Gëlle Frau«, Goldene Frau, was sich auf die Siegesgöttin an der Spitze des Ehrenmals für die luxemburgische Freiwilligenkompanie im Ersten Weltkrieg bezieht.

Place Guillaume II. mit dem Großherzoglichen Palast

Am Platz der Verfassung liegt der Zugang zu den **Casemates de la Pétrusse.** Das unterirdische Labyrinth von Gängen und Treppen wurde ab 1644 von den spanischen und österreichischen Besatzungstruppen in den Fels gesprengt (Ostern, Pfingsten und Juli–Sept. tgl. 11–16 Uhr; geführter Rundgang).

Der Blick in die Parkanlagen im Tal der Pétrusse, die über einen Treppenweg zu erreichen sind, wird vom Pont Adolphe (1903) und dem alten **Viadukt** (1859) mit seiner harmonischen Bogenarchitektur eingerahmt. Beide Brücken führen ins lebhafte Bahnhofsviertel mit seinen protzigen Verwaltungsbauten, wobei die Gründerzeitgebäude des Arcelor-Stahlkonzerns und der Staatssparkasse, aber auch der Bahnhof mit seinem markanten Turm zu den architektonisch interessantesten gehören.

Auffallendster Schmuck der schlichten Nordfassade der **Cathédrale Notre-Dame** Ⓑ (17. Jh.) ist das frühbarocke Eingangsportal. Zur barocken Innenausstattung gehört die reiche, mit maurischen Stilelementen durchsetzte Empore. Erst in den 1930er-Jahren wurde der Südteil der Kirche angebaut. Dort befindet sich das Gnadenbild der Landespatronin »Trösterin der Betrübten«. Zwei Bronzelöwen weisen den Eingang zur Krypta der Großherzöge. Ne-

ben der Kirche, im Gebäude des ehemaligen Jesuitenkollegs, einem dreiflügeligen Renaissancebau, ist die Nationalbibliothek untergebracht. Auf der anderen Seite steht das alte Refugium der Trierer **St.-Maximin-Abtei** **C**. Der Natursteinbau wurde 1751 errichtet und ist heute Sitz des Außenministeriums.

Ein Stück weiter südlich zeigt das **Historische Museum der Stadt Luxemburg** auf sechs teils in den Fels gegrabenen Etagen so unterhaltsam wie informativ die Entwicklung der Stadt in tausend Jahren. Atemberaubend ist die Fahrt mit dem Panoramalift, der die Schichten der Stadt durcheilt (14, rue Saint Esprit, Di–So 10–18, Do bis 20 Uhr, unter 18 Jahren Eintritt frei, www.mhvl.lu).

Auf der **Place Guillaume II.** **D** findet jeden Mittwoch und Samstag ein bunter Markt statt. In der Platzmitte erhebt sich das Reiterstandbild Wilhelms II., der sowohl König der Niederlande als auch Großherzog von Luxemburg war. An der Südseite steht das klassizistische **Rathaus.** Ein mit einem Fuchs bekrönter Brunnen ehrt Michel Rodange, der Goethes Epos »Reineke Fuchs« auf Luxemburger Verhältnisse übertrug.

An der Place Guillaume startet der »Wenzelrundgang« durch Ober- und Unterstadt und verbindet Stationen der Geschichte Luxemburgs (ab City Tourist Office, April–Ende Okt, Sa 15 Uhr.) Die Tour kann man mit einem Faltblatt des City Tourist Office › S. 127 auch ohne Führung gehen.

Durch eine Passage kommt man zum **Paradeplatz, der Place d'Armes** **E** mit vielen Cafés und Restaurants, und dann ein Stück weiter südwestlich zum **Casino Luxemburg – Forum für zeitgenössische Kunst,** das interessante Ausstellungen präsentiert (41, rue Notre-Dame, Mo, Mi, Fr 11–19, Do 11–20, Sa, So 11–18 Uhr, www.casino-luxemburg.lu).

Maurisch-spanische Arabesken zieren die Fassade des 1572 im Renaissancestil erbauten **Palais Grand-Ducal** **F**. Weht die Fahne auf dem Dach und stehen zwei Wachen vor dem Tor, ist die Großherzogliche Familie zu Hause (Besichtigung des Palais: Mitte Juli bis Mitte Aug., Tickets nur im City Tourist Office › S. 127).

Die Rue de la Boucherie endet am **Marché aux Poissons,** dem früheren Fischmarkt und historischen Kern der Altstadt, wo das erste Kastell errichtet worden war. Das nahe **Musée National d'Histoire et d'Art** **G** zeigt eine umfassende Sammlung zur Geschichte und Kultur des Landes. So begegnet man z. B. den Kelten und Römern, die einstmals hier lebten – nicht schlecht übrigens, wie ein prächtiges römisches Mosaik beweist (Di–So 10–18, Do bis 20 Uhr; www.mnha.lu).

Die Geschichte der **Kirche St.-Michel** **H** geht bis ins Jahr 987 n. Chr. zurück, als die Luxemburger Grafen ihre Burgkapelle errichteten. Das Renaissanceportal, der spätgotische Innenraum und die barocke Ausstattung zeugen von den zahlreichen Umbauten.

Der Neubau des Museum für moderne Kunst auf dem Kirchberg

Der Bockfelsen ⓫

Zur Zeit der spanischen Fremdherrschaft entstanden 1644 die ersten Kasematten. Vierzig Jahre später erweiterte der französische Festungsbauer und Militäringenieur Vauban die unterirdischen Galerien. Ihre heutigen Ausmaße erhielten die *****Casemates du Bock** unter der österreichischen Kaiserin Maria Theresia Mitte des 18. Jhs. Ein eindrucksvoller halbstündiger Spaziergang führt durch einen Teil des 17 km langen Labyrinths der Verteidigungsanlagen, die zum UNESCO-Welterbe zählen (März–Okt. tgl. 10–17 Uhr).

Vom Höhenweg **Chemin de la Corniche,** vom heimischen Autor Batty Weber (1860–1940) als »schönster Balkon Europas« gerühmt, bieten sich abwechslungsreiche Ausblicke ins Tal der Alzette mit den Unterstädten Grund und Pfaffental sowie auf das Plateau du Rham gegenüber.

Im Grund

Ein Aufzug an der Place du St-Esprit verbindet die Oberstadt mit dem angesagten Viertel Grund. In viele der restaurierten Fischer- und Arbeiterhäuschen sind inzwischen Läden, Bistros, Cafés und Pubs eingezogen.

Aus der **Abtei Neumünster** (17. Jh.) wurde ein Kulturzentrum. Dort treffen sich Kulturfans zur Jazzmatinée (www.ccrn.lu).

Das **Nationalmuseum für Naturgeschichte »natur musée«** geht noch weiter in die Geschichte zurück: Beginnend mit den ersten Spuren des Lebens auf der Erde wird der Frage nachgespürt: »Wer bin ich?« (25, rue Münster, Di–So 10–18 Uhr, www.mnhn.lu).

Auf dem Kirchberg

Um den neuen Star unter den Museen zu besuchen, muss man allerdings hinaus zum **Plateau Kirchberg** fahren (A1 Richtung

Trèves (Trier), Ausfahrt 8, Buslinien 1, 13, 16, Haltestelle Philharmonie-Mudam). Hier wird Europa gemacht: Behörden, Banken, Kongress- und Tagungszentren haben ihre Klötze aufgestellt.

Die neue, weiße **Philharmonie** von Christian de Portzamparc prunkt mit über 800 schlanken Säulen (www.philharmonie.lu), und Bildhauer wie Fernand Léger (»La grande fleur qui marche«), Richard Serra (»Exchange«, »Sarregemuines«), oder A.R. Penck (»Delphi heliotroph«) haben genügend Platz für ihre monumentalen Plastiken.

Auf den Ruinen des alten Forts hat der chinesisch-amerikanische Architekt Ieoh Ming Pei das **Museum für moderne Kunst Grand-Duc Jean MUDAM** errichtet. Luxemburgs erstes Museum für moderne Kunst hat sich auf die Fahne geschrieben »nah am Nerv der internationalen Kunstszene« zu bleiben und lädt immer wieder renommierte Künstler ein, Werke speziell für das Haus zu schaffen (3, Park Dräi Eechelen, Mi–Fr 11–20, Sa–Mo 11-18 Uhr, Di geschl., www.mudam.lu).

Auf nach Europa

1948 gab Luxemburg seine Neutralität auf und entschied sich für eine aktive Rolle in der europäischen Integrationspolitik: Es gründete 1949 mit den Niederlanden und Belgien die Zoll- und Wirtschaftsunion BeNeLux, wurde 1951 Sitz der Montanunion und trat 1964 der EWG bei. 1995 ratifizierte Luxemburg als erstes Land die Maastricht-Verträge zur EU, 2005 die Nizza-Verträge zur EU-Verfassung. Und 2007 war Luxemburg zusammen mit den Nachbarregionen in Deutschland, Belgien und Frankreich »Europas Kulturhauptstadt« – ein Titel, den die Stadt Luxemburg schon 1995 trug.

Hotels

Le Royal

12, bd. Royal][Tel. 003 52/241 61 61
www.hotelroyal.lu
Hotel der Weltklasse mit Business Center, Fitnessräumen, Sauna, Hamam, Schönheitssalon etc. am Rande der Altstadt mit Blick auf den Park. ●●●

Domus

37, av. Monterey
Tel. 003 52/467 87 81
www.domus.lu
In modernem Designerstil eingerichtetes Apartmenthotel. ●●●

Victor Hugo

2, ave. Victor Hugo
Tel. 003 52/262 74 40
www.victorhugo.lu
Freundliches, modernes Stadthotel (21 Zimmer) am Rande von Bankenviertel und Altstadt. ●●●

Restaurants

Clairefontaine

9, pl. de Clairefontaine][Tel. 46 22 11
www.restaurantclairfontaine.lu
Das Gourmetlokal im Regierungsviertel serviert v.a. edle französische Küche. Sa, So geschl. ●●●

Via Sud

22/24, rue du Curé][Tel. 22 82 50
Ein kulinarischer Trip direkt in die Provence. Sa mittags, So geschl. ●●

■ **La Boucherie**

9, pl. des Armes][Tel. 26 10 38 83
Café, Brasserie und Restaurant zugleich und spezialisiert auf Fleischgerichte. Tgl. bis 22 Uhr. ●–●●

■ **Cafe Namur**

27, rue des Capucins
Das Traditionscafé serviert Luxemburger Spezialitäten aus eigener Herstellung: Rieslingpasteten, Canapés, süße und pikante gefüllte Backwaren. Mo, Mi–Sa bis 18 Uhr. ●–●●

Shopping

■ **Pâtisserie Oberweis**

19, Grand' Rue][www.oberweis.lu
Ein Spitzenkonditor.

■ **Frieden**

4, rue des Capucins
Designermode für Damen und Herren.

Clervaux 2

Hauptanziehungspunkt des Städtchens ist die **Schlossburg** (12. bis 17. Jh.), die die Grafen von Clerf im 12. Jh., möglicherweise auch früher, auf einem Felsvorsprung errichteten. In ihren Räumen sind zurzeit zwei Dauerausstellungen zu besichtigen: eine zur Ardennenschlacht und dem Zweiten Weltkrieg und eine mit Modellen der 22 wichtigsten Luxemburger Burgen und Schlösser (Mai–Sept. Di–So 11–18, März, April und Okt.–Dez. Sa, So, Fei 11–18 Uhr, Jan., Febr. geschl.). **Legendär ist die **Fotosammlung »The Family of Man«** des Luxemburger Fotografen Edward Steichen. Die Ausstellung wurde 2003 in die Liste des Weltdokumentenerbes (Memory of the World = MOW) der UNESCO aufgenommen (wegen Restaurationsarbeiten bis Frühjahr 2012 geschl.).

Das Schloss von Clervaux

Die schlichte neoromanische **Klosterkirche** der Benediktinerabtei St.-Maurice et St.-Maur birgt als wertvollstes Ausstattungsstück eine Pietà aus dem 15. Jh. Eine Spezialität von Clervaux ist der Kaffee der Abtei-Rösterei.

Hotel

■ **Manoir Kasselslay**

Maison 21
9769 Roder (Nähe Clervaux)
Tel. 003 52/95 84 71
www.kasselslay.lu
Stilvolle Zimmer und ein Michelin-Stern für klassische, mit Finesse zubereitete Gerichte. Im Sommer wird auf der hübschen Terrasse gedeckt. ●●●

■ **Hotel St.Hubert**

9768 Reuler/Clervaux
Tel. 92 04 32
www.hotel-sthubert.lu
Nur 10 Min. Fußweg ins Zentrum von Clervaux. Etwas rustikal, aber recht gemütlich eingerichtete Zimmer. Mit Bar und Restaurant. ●

Die mittelalterliche, sorgfältig restaurierte Burg von Vianden

Vianden 3

Mit seiner **1000 Jahre alten *Burg** zählt der Ort zu den bekanntesten Reisezielen in Luxemburg. Die Besichtigung der einzelnen Gebäudeteile – des Großen Palas mit dem Rittersaal, des Kleinen Palas mit dem Byzantinischen Saal und der Burgkapelle (12. Jh.) – ist ein Erlebnis (April–Sept. tgl. 10–18 Uhr, sonst kürzer).

Im alten Ortskern sind die gotische **Eglise des Trinitaires** mit schönem Kreuzgang und barockem Hochaltar, das **Volkskundemuseum** und das **Victor-Hugo-Museum** sehenswert. Während seines Exils 1871 wohnte der Romancier mehrere Wochen in dem Haus (Di–So 11–17 Uhr).

Info

Syndicat d'Initiative
14 rue du vieux Marché
9419 Vianden][Tel. 003 52/83 42 57
www.tourist-info-vianden.lu

Hotel

Auberge du Château
74–80 Grand Rue][9401 Vianden
Tel. 003 52/83 45 74
www.auberge-du-chateau.lu
Ein schmuckes Haus zum Wohlfühlen: über 40 liebevoll gestaltete Zimmer (auch Familienstudios), Brasserie-Restaurant und extra Motorrad-/Fahrradraum. ●●

*Luxemburger Schweiz 4

Auf der Fahrt durch das untere Tal der Sûre (Sauer) münden weite Acker- und Wiesenflächen in eine immer enger werdende Tallandschaft. In dieser waldreichen Gegend, die ein dichtes Netz von Wanderwegen durchzieht, haben sich Bäche tief eingeschnitten und jene bizarren Felsgebilde, Schluchten und Höhlen geschaffen, die der Gegend ihren Namen einbrachten.

*Echternach 5

Mit der Gründung einer Benediktinerabtei durch den hl. Willibrord im 7. Jh. begann die Entwicklung Echternachs (4400 Einw.) zu einem Zentrum religiöser Kunst. Im 10. und 11. Jh. genoss die Echternacher Buchmalerschule hohes Ansehen, wie sich im **Museum der Buchmalerei** im Untergeschoss der Abtei nachvollziehen lässt (April, Mai, Okt. tgl. 10–12, 14–17, Juni, Sept. 10–12, 14–18, Juli, Aug. 10–18 Uhr). Mittelpunkt der mächtigen Klosteranlage ist die viertürmige ***Willibrordusbasilika.** Mehrfach zerstört, um- und rückgebaut, entspricht ihr Äußeres wieder dem des 11. Jhs. Die Krypta des karolingischen Vorläuferbaus aus dem 8. Jh. ist noch gut erhalten.

Die bekannte Echternacher Springprozession zu Ehren des hl. Willibrord, des Patrons gegen Nervenkrankheiten, findet jedes Jahr am Pfingstdienstag statt (www.willibrord.lu).

Die Nordwestseite des schönen Marktplatzes bilden der gotische Dingstuhl (Denzelt), ehemals Sitz des Schöffengerichts, und das alte Rathaus »Unter den Arkaden«.

Der Kulturrundweg »Via Epternacensis« verbindet 15 Altstadt-Sehenswürdigkeiten. Einen Plan mit Beschreibung der Stationen gibt es im Tourismusbüro.

Info

Bureau de Tourisme
Parvis de la Basilique
6401 Echternach
Tel. 003 52/72 02 30
www.echternach-tourist.lu

Hotel

Eden au Lac
Oam Nonnesees][Tel. 003 52/72 82 83
www.edenaulac.lu
Luxuriöse Entspannung im modernen 5-Sterne-Landhotel mit Day-Spa und Restaurants. Im Winter geschl. ●●

Moselwein auf Letzeburgisch

Weintrinker erfreuen sich in Luxemburg an den Rebenhängen, die die Ufer der Mosel bilden und frische, spritzige Weißweine liefern. Etwa 50 Weingüter mit insgesamt 1350 ha Rebfläche produzieren Wein von hoher Qualität, den man in Deutschland selten findet, denn die Luxemburger scheinen ihn selbst zu trinken. Neben Riesling, Pinot Gris, Pinot Blanc und Pinot Noir werden auch unbekanntere Trauben kultiviert:

- Der körperreiche **Auxerrois,** den vermutlich vertriebene Hugenotten aus Frankreich in Luxemburg angesiedelt haben, hat wenig Säure und ist daher sehr anpassungsfähig.
- Der **Rivaner,** eine Kreuzung aus Riesling und Sylvaner, ist eine milde, duftende Rebsorte, die in Luxemburg am häufigsten angebaut wird.
- Der **Elbling** wird in Luxemburg seit der Römerzeit kultiviert. Er ist erfrischend, spritzig und alkoholarm – ideal für das Glas zwischendurch.

Romanische Choranlage in Wiltz

Restaurant

Hostellerie de la Basilique
7, pl. du Marché][Tel. 003 52/72 94 83
www.hotel-basilique.lu
Gutes Hotel-Restaurant: Spezialitäten sind Meeresfrüchte und Fisch. ●●

Moseltal 6

Das Zentrum der luxemburgischen Weinbauregion ist die ehemalige Festungsstadt **Grevenmacher** (3300 Einw.) mit ihrem wehrhaften Kirchturm aus dem 13. Jh. Eine Attraktion ist der Schmetterlingsgarten (Route de Trèves, Tel. 003 52/75 85 39, April bis 15. Okt. 9.30–17 Uhr).

Unter römischer Herrschaft hatte sich **Remich** (2650 Einw.) als »Remacum« einen Namen als Winzerstadt gemacht. Im Mittelalter war es Sitz einer Vogtei, im 19. Jh. lebte man von der Fischerei und nun vom Tourismus.

Hotels

■ **Hotel de l'Esplanade**
Esplanade 5][5533 Remich
Tel. 003 52/23 66 91 71
www.esplanade.lu
Schlichtes, aber ordentliches Hotel im Zentrum, Terrasse mit Moselblick. ●●

■ **Hotel Kinnen**
32, route de Luxembourg
6633 Wasserbillig
(nördlich von Grevenmacher)
Tel. 003 52/74 00 88][Fax 74 01 08
Nettes Familienhotel mit schönen Zimmern und gutem Restaurant. ●

Mersch 7

Am Hauptplatz der Kleinstadt (6500 Einw.) fällt der **Michaelsturm** mit seiner Zwiebelkrone ins Auge. Gegenüber steht das **Wasserschloss** aus dem 12. Jh., das mehrmals zerstört und immer wieder aufgebaut wurde. Von einer **römischen Patriziervilla** mit Fußbodenheizung und einem monumentalen Wasserbecken sind eindrucksvolle Reste erhalten (Rue des Romains, jederzeit frei zugänglich).

Luxemburger Ardennen

Bourscheid 8

Von der imposanten Burgruine Bourscheid (11. Jh.) sind noch

bedeutende Reste erhalten, das Stolzenburger Haus vermittelt Einblicke in die örtliche Baugeschichte. Herrlich ist der Blick von den mächtigen Mauern über die tiefen, dicht bewaldeten Täler.

Esch-sur-Sûre 9

Das idyllische Örtchen liegt in den Hügeln einer Schleife des Flusses Sûre und blickt auf mehr als 5000 Jahre Geschichte zurück. In die ehemalige Tuchfabrik sind das Naturparkzentrum Obersauer und ein kleines Museum zur Tuchfabrikation eingezogen.

Im waldreichen Naturpark mit seinem Stausee kann man u.a. dem Legendenweg oder dem Entdeckungsweg folgen (www. naturpark-sure.lu).

Hotel

Hotel Le Postillon
1, rue de l'eglise
9650 Esch-Sur-Sûre
Tel. 00 352/89 90 33
www.lepostillon.lu
Familienhotel am Ufer der Sauer. ●

Wiltz 10

Kunstinteressierte sollten in der ehemaligen Gerberstadt (4000 Einw.) die spätgotische **Hallenkirche** mit romanischen Bauteilen im Ortsteil Niederwiltz besuchen.

Im **Schloss,** dessen ältester Teil der 1573 errichtete Hexenturm ist, sind das Nationale Museum der Braukunst und ein Gerbereimuseum beheimatet (Sept.–Juni Mo–Fr 10–12, 14–17, Sa 10–12, Juli/Aug. tgl. 10–18 Uhr. www. remus.museum).

Echt gut!

Sterne über Luxemburg

■ In Luxemburg kann man außergewöhnlich gut essen. Das kleine Land hat ein Dutzend Sterne-Restaurants:

■ **Clairefontaine,** eine Institution mit einfallsreicher Karte. › S. 132

■ In edel-rustikalem Rahmen verwöhnt **Le Bouquet garni** mit klassisch-modernen Gerichten (**32, rue de l'Eau, 1449 Luxemburg, Tel. 003 52/26 20 06 20, www. lebouquetgarni.lu,** So, Mo geschl.)

■ Französische Klassik, mediterrane Leichtigkeit und orientalische Schärfe gehen im **Le Patin d'Or** von Philippe Laffut eine köstliche Liaison ein (**40, route de Bettembourg, 1899 Kockelscheuer, Tel. 003 52/22 64 99, www.patin-dor.lu,**. Sa, So geschl.).

■ Gleich zwei Sterne zeichnen die gehobene italienische Küche des **Ristorante Mosconi** in einem romantischen Haus am Ufer der Alzette mit schöner Terrasse aus (**13, rue Munster, 2160 Luxembourg-Grund, Tel. 003 52/54 69 94, www.relais chateaux.com/mosconi,** Sa Mittag, So, Mo geschl.).

■ Im Landhaus **Manoir Kasselslay** nahe Clervaux werden klassische Gerichte mit Finesse zubereitet und im Sommer auf der hübschen Terrasse serviert (**Maison 21, 9769 Roder, Tel. 003 52/95 84 71, www. kasselslay.lu,** Mo, Di geschl.).

■ In ihrem stilvollen Edelrestaurant **Léa Linster** serviert die Grande Dame der Luxemburger Küche feine französisch inspirierte Kreationen (**17, route de Luxembourg, 5752 Frisange, Tel. 003 52/23 66 84 11, www. lealinster.lu,** Mo, Di geschl.).

Infos von A–Z

Ärztliche Versorgung

Bürger der EU- und EFTA-Länder werden in Belgien und Luxemburg gegen Vorlage der Europäischen Krankenversicherungskarte (EHIC) ärztlich behandelt, müssen aber die Rechnung direkt bezahlen. Gesetzliche Kassen erstatten dann einen Anteil. Empfohlen ist der Abschluss einer privaten Reise-Zusatzversicherung, die einen medizinisch nötigen Rücktransport einschließt.

Behinderte

Öffentliche Einrichtungen sind für Behinderte nicht immer problemlos erreichbar. In Hotelverzeichnissen ist für jedes Hotel angegeben, ob die Unterkunft für Rollstuhlfahrer zugänglich ist. Man sollte vor der Buchung sicher stellen, dass behindertengerechte Einrichtungen vorhanden sind.

Diplomatische Vertretungen

■ **Deutsche Botschaften:**
8–14, rue Jacques de Lalaingstraat, 1040 Bruxelles, Tel. 02/7 87 18 00, www.bruessel.diplo.de;
20–22, ave. Emile Reuter, 2420 Luxemburg, Tel. 003 52/45 34 45-1, www.luxemburg.diplo.de

■ **Österreichische Botschaften:**
5, place du Champ de Mars, 1050 Bruxelles, Tel. 02/2 89 07 00, www.bmeia.gv.at/botschaft/bruessel.html;
3, rue des Bains, 1212 Luxemburg, Tel. 003 52/47 11 88, www.bmeia.gv.at/botschaft/luxemburg.html

■ **Botschaften der Schweiz:**
26, rue de la Loi, 1040 Bruxelles, Tel. 02/2 85 43 50, Fax 2 30 37 81, www.eda.admin.ch/bruxelles;
25a, bd. Royal, 2449 Luxemburg, Tel. 003 52/22 74 74-1, www.eda.admin.ch/luxembourg

Ein- und Ausreise

EU-Bürger unterliegen keinen Grenzkontrollen, müssen aber Personalpapiere mit sich führen. Schweizer benötigen Identitätskarte bzw. Reisepass. Für Kinder unter 16 Jahren genügt ein Kinderausweis oder ein Eintrag im Elternpass.

Feiertage

1. Jan., Ostermontag, 1. Mai, Christi Himmelfahrt, Pfingstmontag, 23. Juni (Nationalfeiertag in Luxemburg), 21. Juli (Nationalfeiertag in Belgien), 15. Aug. (Mariä Himmelfahrt), erster Montag im Sept. (nur in Luxemburg), 1. Nov. (Allerheiligen), 11. Nov. (Waffenstillstandstag 1918, nur in Belgien), 25. und 26. Dez. Fällt einer dieser Feiertage auf einen Sonntag, gilt der nächste Tag als gesetzlicher Feiertag. Feiertage der Sprachgemeinschaften in Belgien: Flamen: 11. Juli, Frankophone: 27. Sept., Deutsche: 15. Nov.

Geld

In beiden Ländern kann an Geldautomaten (bancomat) mit Bank-/Maestro-Karte bzw. Kreditkarte und PIN Bargeld abgehoben werden.

Haustiere

Für Hunde oder Katzen muss ein EU-Heimtierpass mit gültiger Tollwut-Schutzimpfung vorgelegt werden. Jedes Tier muss mit einem Mikrochip gekennzeichnet sein.

Information

■ **Belgien Tourismus,** Cäcilienstr. 46, 50667 Köln, Tel. 02 21/2 77 59-0, www.belgien-tourismus.de

■ **Tourismuswerbung Flandern,** Mariahilfer Straße 121 b, 1060 Wien, Tel. 01/5 96 06 60, www.flandern.at

■ **Luxemburger Verkehrsamt,** c/o Luxemburgische Botschaft, Klingelhöfer Str. 7, 10785 Berlin, Tel. 030/257 57 73, info@visitluxembourg.de, www.ont.lu

Verkehrsämter der Provinzen

■ Antwerpen: Koningin Elisabethlei 16, 2018 Antwerpen,
Tel. 03/2 40 63 73, info@tpa.be

■ Ostflandern: Sint-Niklaasstraat, 9000 Gent, Tel. 09/2 69 26 00, toerisme@oost-vlaanderen.be

■ Westflandern: Jan Van Eyckplein 2, 8000 Brugge, Tel. 08 00/200 21, provincie@west-vlaanderen.be

■ Wallonisch Brabant: 2, av. Einstein, 1300 Wavre, Tel. 010/23 63 31, tourisme@brabantwallon.be

■ Hennegau: 31, rue de Clercs, 7000 Mons, Tel. 065/36 04 64, federation.tourisme@hainaut.be

■ Lüttich: 77, blvd. de la Sauvenière, 4000 Liège, Tel. 04/2 37 95 30, www.ftpl.be

■ Belgisch Luxemburg: 9, quai de l'Ourthe, 6980 La Roche-en-Ardenne, Tel. 084/41 10 11, www.ftlb.be

■ Namur: 22, av. Reine Astrid, 5000 Namur, Tel. 081/77 67 57, www.paysdesvallees.be

■ Wallonie-Brüssel: 30 rue St-Bernard, 1060 Bruxelles, Tel. 070/22 10 21, www.opt.be

■ Ostkantone: Mühlbachstr. 2, 4780 St. Vith, Tel. 080/22 76 64, www.eastbelgium.com

■ Limburg: Universiteitslaan 3, 3500 Hasselt, Tel. 011/30 55 00, info@toerismelimburg.be

Notruf

■ Notarzt und Feuerwehr: Tel. 112

■ Polizei (Belgien): Tel. 101,

■ Polizei (Luxemburg): Tel. 113

Öffnungszeiten

■ Banken: Mo–Fr 9–16 Uhr.

■ Post: Mo–Fr 9–17 Uhr, Sa 9–12 Uhr.

■ Geschäfte: Mo–Sa 9–19 Uhr.

Achtung Rauchverbot

Das Rauchen ist in belgischen Restaurants verboten, in Kneipen und Bars ohne Speisenangebot darf man (noch) rauchen. In Luxemburg gilt ebenfalls ein Rauchverbot in allen öffentlichen Gebäuden.

Telefon/Handy/Internet

Telefonkarten (telecartes) der Belgacom gibt es für 5, 13 und 25 € am Kiosk sowie an Automaten. Telefonieren mit Handy ist problemlos möglich. Prepaid-Karten lohnen sich bei längerem Aufenthalt (Tipps und Tarifinfos auf www.teltarif.de/mobilfunk).

Vorwahlen:

Deutschland 00 49, Österreich 00 43,
Schweiz 00 41, Belgien 00 32,
Luxemburg 003 52

Internet-Zugänge gibt es – in der Regel gegen geringe Gebühr – in vielen Hotels, in allen Jugendherbergen sowie in öffentlichen Bibliotheken. Internet-Cafés bieten ihre Dienste in jedem größeren Ort an.

Zoll

Für EU-Bürger gelten bei Waren für den persönlichen Bedarf keine Beschränkungen, Richtmengen sind z. B. 800 Zigaretten, 10 l Spirituosen, 90 l Wein. Schweizer können 200 Zigaretten, 1 l Spirituosen über und 2 l unter 15 Vol % sowie Souvenirs bis max. 300 CHF zollfrei ein- bzw. ausführen.

Urlaubskasse	
Tasse Kaffee	2,50 €
Softdrink	2,50 €
Glas Bier (0,33 l)	2–5 €
Portion Pommes	2,50 €
Kugel Eis	1–1,50 €
Taxifahrt (Kurzstrecke)	ca. 15 €
Mietwagen/Tag	ca. 90 €

Register